Franz Ignaz Schwerdt

Probe einer neuen Horaz-rezension

Franz Ignaz Schwerdt

Probe einer neuen Horaz-rezension

ISBN/EAN: 9783743601635

Hergestellt in Europa, USA, Kanada, Australien, Japan

Cover: Foto ©Thomas Meinert / pixelio.de

Manufactured and distributed by brebook publishing software
(www.brebook.com)

Franz Ignaz Schwerdt

Probe einer neuen Horaz-rezension

PROBE

EINER

NEUEN HORAZ-REZENSION

VON

DR. F. I. SCHWERDT,

AUSSERORDENTLICHEM PROFESSOR IN DER PHILOSOPHISCHEN FACULTÄT AN DER KÖNIGLICHEN
AKADEMIE ZU MÜNSTER.

ANHANG.

EMENDATIONEN ZU TACITUS UND VELLEIUS.

Druck und Verlag von Friedrich Cazin in Münster.

1863.

Soll die Kritik endlich zur besonnenen Kunstübung reifen, so muss überall zuerst der Grad der Sicherheit des Ueberlieferten zur Anschauung gebracht werden. Die Herausgeber des Horaz hegen noch immer unbewusst den Aberglauben, dass so gut als nirgend Vermuthungen nöthig seien, wenn man nur den ältesten Handschriften folge.

Lachmann.

In Horatio post omnia, quae in cum scripta vidi, innumera sunt, quae non intelligo. In toto opere vix una est ode, sermo vel epistola, in quibus hoc non sentio, dum lego.

Marklandus.

Noli itaque librarios solos venerari; sed per te sapere aude, ut singula ad orationis ductum sermonisque genium exigens ita demum pronunties sententiamque feras. Enimvero haud animi me fallit, tot in Flacco emendationes iniquis oculis plerosque adspecturos, nec nisi vi et ingratiis receptas tam diu lectiones veteresque avias sibi revelli passuros. Quippe in aliis auctoribus minus sibi tritis pro libitu id fieri non aegre tulerint, in hoc quem iam inde a pueritia dies noctesque versarunt, quemque intus et in cute se novisse opinati sunt, tot iam menda detegi, tot absurda sensuque cassa redargui, quasi convicium sibi factum interpretabuntur.

Richardus Bentleius.

Im Jahre 1711 erschien die Horaz-Ausgabe von Richard Bentley. Zum ersten Male hatte ein grosser Geist, von dem es ungewiss bleibt, ob er mehr Scharfsinn oder mehr Gelehrsamkeit besass, die Grundsätze der subjectiven Kritik, deren Schöpfer er war, in ihrer ganzen Ausdehnung zur Berichtigung eines Schriftstellers angewandt, und zwar angewandt mit vollem Vertrauen auf die Unfehlbarkeit der neuentdeckten Methode. Das Ergebniss dieser kritischen Thätigkeit war ein Horaz mit nahezu 800 Aenderungen. Angefüllt mit den feinsten Beobachtungen und auf jeder Seite die vielseitigste Belesenheit und das eindringendste Verständniss bekundend, musste dieses Werk das Staunen und die Bewunderung aller Zeitgenossen erwecken; aber auch Widerwille und Besorgniss, die beide ihren Grund in der, wie es schien, fast gewaltsamen Kühnheit und der übertriebenen Strenge dieser von Bentley selbst aufgestellten Methode hatten, konnten naturgemäss nicht ausbleiben. Bewunderung auf der einen, Besorgniss auf der andern Seite waren die Empfindungen, mit denen die Zeitgenossen den neuen Horaz betrachteten. Nach anderthalb Jahrhunderten haben wir im Fortgange philologischer Studien uns mehr und mehr gewöhnt, die Berechtigung jener Methode anzuerkennen; einen wahrhaften und wirklichen Nutzen aber aus eben dieser durch eigene Erfahrung nun verbesserten Methode für Horaz selbst auf Grund der grossen Vorarbeit eines Bentley nach und nach zu gewinnen, haben die späteren Herausgeber entweder nicht das Geschick oder nicht den Muth gehabt. Unsere Horaz-Rezensionen haben bis auf wenige, unbekümmert um den Widerspruch des grössten Kritikers, nach und nach wieder das alte Gewand übergeworfen und sehen im wesentlichen dem Lambin oder Cruquius ähnlicher als dem Bentley,

eine Thatsache, die zum Beweise dafür gelten darf, dass wir in
der Kritik des Horaz trotz Bentley keinen erheblichen Fortschritt gemacht haben. Werthvolle Beiträge zur Besserung und Erklärung im
Einzelnen sind von vielen Seiten geliefert, ohne dass man den ernsten
Versuch gewagt, eine Einigung über die Grundsätze der kritischen
Methode selbst herbei zu führen. Ebenso fehlt uns sogar noch heute
nach 151 Jahren der Maassstab einer genauen Schätzung jener Ausgabe von 1711; denn nur auf einer höheren Stufe fortgeschrittener
Erkenntniss wird es möglich, die frühere Leistung zu verstehen und
richtig zu beurtheilen.

Der einzige, der vielleicht im Stande gewesen wäre, über Bentley
hinaus einen Fortschritt zu begründen, ich meine Hofman Peerlkamp,
nahm in Folge seiner vorgebildeten Meinung einen Theil der Verderbnisse, die auf dem Wege der handschriftlichen Ueberlieferung
aufgekommen, lieber für Indizien der Unechtheit ganzer Stellen und
sah sich so der Mühe überhoben, durchweg die Ueberlieferung genau
zu prüfen. Lachmann hat zu wenig für Horaz gethan, um in diesem
Zusammenhange genannt werden zu können, aber dies wenige was
er gethan, lässt es uns lebhaft bedauern, dass er nicht längere Zeit
hindurch seinen Fleiss und Scharfsinn unserem Dichter zuwandte:
jedenfalls war nächst Bentley und Hofman Peerlkamp von der ver-
derbten Ueberlieferung des Horaz niemand so sehr als Lachmann
überzeugt. Freilich hat auch dieser Gelehrte, ebenso wie Meineke,
dem wir manche feine Bemerkung für Kritik und Erklärung verdanken, im Uebermaasse der Ansicht gehuldigt, dass unsere Ueberlieferung interpolirt sei.

Die neueren Bearbeiter des Horaz theilen sich seit Hofman
Peerlkamp in zwei ziemlich scharf geschiedene Parteien. Entweder sind sie Anhänger der Interpolationstheorie und finden es
bequemer, vermeintliche Interpolationen aufzuspüren als Emendationen zu geben, oder sie sind entgegengesetzter Meinung und
scheuen sich den Gründen, die eine Besserung fordern, Gehör
zu schenken, weil jede Aenderung ihnen den festen Glauben an die
unverfälschte Ueberlieferung zu gefährden scheint. Auf beiden Seiten
war man vor lauter Hast, Unechtes nachzuweisen oder Angefochtenes
zu vertheidigen, wenig bedacht auf wahrhafte Kritik. Die beste
Rezension vielleicht nach Bentley, aber im Grunde genommen
ohne einen merkbaren eigenen Fortschritt hat in unserer Zeit
Moriz Haupt gegeben. Das grösste Verdienst der kleinen Ausgabe

besteht hauptsächlich in der feinen Wahl richtiger Lesarten, und ebenso beschränkt sich die Annahme von Interpolationen besonnener Weise bei Haupt auf eine geringe Anzahl von Stellen, die man wenigstens nicht ganz ohne Grund anstössig finden kann.

Meine Absicht ist es, auf den folgenden Blättern Bruchstücke einer neuen Horaz-Rezension vorzulegen. Finden diese Emendationen den Beifall sachverständiger Beurtheiler, so würde ich in nicht allzulanger Zeit eine vollständige Ausgabe dieses Dichters nach denselben Grundsätzen zu geben nicht anstehen. Ich fordere alle Freunde der lateinischen Poesie zum eingehenden Studium dieser Arbeit auf, die ohne alle rednerische Kunst und nur auf das gute Recht ihrer Sache vertrauend in der anspruchlosesten Form vor sie hintritt. Vielleicht wäre es mir trotz meiner schwachen Kraft, die, wie ich mir bewusst bin, noch nicht ganz im richtigen Verhältniss zu der grossen Schwierigkeit einer solchen Aufgabe steht, bei längerer Ausdauer möglich gewesen, hie und da eine einzelne Aenderung durch eine strengere Argumentation schlagender nachzuweisen oder durch gehäuftere Beispiele einleuchtender zu machen: ich habe es nicht für nöthig erachtet, weil ich der Ueberzeugung bin, dass eine richtige Emendation nur in ihren wesentlichen Momenten angedeutet zu werden braucht, um den Beifall kundiger Leser zu finden. Man wird mich hierin nicht missverstehen und von der Raschheit der Darstellung auf eine geringere Sorgfalt des vorausliegenden Studiums schliessen wollen: freilich sind diese Emendationen beinahe insgesammt das Ergebniss einer Sommervorlesung und haben das nonum prematur in annum nicht für sich; aber bei jeder einzelnen Stelle ist sich der Verfasser bewusst, Untersuchungen angestellt zu haben, deren blosses Material oft zur besonderen Abhandlung anwuchs. Ihm kam es darauf an, sich zuvor eine festgegründete Ueberzeugung zu verschaffen, ehe er so bedeutende Aenderungen seinem Leser zur Annahme empfahl. Sein Bestreben geht dahin, nicht den Horaz durch gefällige Correcturen zu verändern, sondern die schwer beschädigte Ueberlieferung durch richtige Aenderungen zu verbessern. Möge diese Arbeit auch andere veranlassen, sich mit mehr Ernst, als es bis jetzt geschehen, einem Schriftsteller zuzuwenden, über den schon gewissenlose Dilettanten angefangen haben unter der erschlichenen Maske des gerechten Minos zu Gericht zu sitzen. In Wahrheit, ein anderer Marsyas übte Wiedervergelt an Phöbus Apollo und versuchte den Liebling der Musen zu schinden! — —

Ich habe mehrfach zusammenhangende Stellen aus dem vierten Buche gewählt: der Leser mag aus der grossen Anzahl dieser so nahe gerückten Fehler des einen Buches sich ein Urtheil bilden über die Menge der durch den ganzen Horaz zerstreuten Verderbnisse, die noch zu heben sind. Eine ausführliche Darlegung der Grundsätze meiner kritischen Bearbeitung unseres Dichters habe ich mir für eine zweite Abhandlung aufbehalten: jetzt genüge es, den einen schon von Bentley begriffenen Gedanken noch einmal nachdrücklich auszusprechen, dass unsere zahlreichen Handschriften, die im Ganzen bei geringfügigen Abweichungen dieselben schweren Verderbnisse haben, soweit sie nicht von einander abstammen, auf eine gemeinsame Vorlage zurückgehend gedacht werden müssen, deren Ansehen die gesammte Ueberlieferung beherrschte. Daher erklärt es sich, dass unsere Texte ein gleichförmigeres Ansehen bekommen haben, als sie in Wirklichkeit verdienen. Die Annahme, dass es zu irgend einer Zeit nur eine Handschrift des Horaz gab, woraus alle folgenden abgeleitet seien, ist natürlich weder nothwendig, noch an und für sich wahrscheinlich. Noch heute finden sich in den Handschriften Spuren einer ursprünglich richtigeren Ueberlieferung, obgleich überwiegend die wahrscheinlich in vielen Handschriften mannigfaltig vorhanden gewesene Verschiedenheit der früheren vereinzelten Fortpflanzung nach und nach vor der Autorität der genannten Vorlage zurückgetreten zu sein scheint.

Ueber die Rezension des Vettius Agorius Basilius Mavortius, in der Bentley die Grundlage aller Handschriften erblickte, ebenso wie über den codex vetustissimus Blandinius, der durch Lachmann zum Schaden der Kritik ein grösseres Ansehen bekommen hat, als ihm Bentley, der alles, was sich auf Horaz bezieht, durch und durch kannte, beizulegen für gutbefand, hoffe ich später eine besondere Untersuchung anstellen zu können. Für diese Abhandlung ist das Verhältniss der einzelnen Handschriften so gleichgültig, dass ich sie nicht einmal namhaft zu machen brauche. Auch werde ich nur ausnahmsweise auf die Scholien Rücksicht nehmen, die, wie sie jetzt vorliegen, altes und neues durcheinander enthalten und ebenso, wie theilweise sogar die Handschriften, erst dann richtiger beurtheilt werden können, wenn es in grösserem Maasse als bisher gelungen ist, durch subjective Kritik den echten Text herzustellen. Ich leiste demnach, vielleicht mehr noch als wir genöthigt sind, diesmal Verzicht auf alle Hülfe von aussen, „neque quidquam fere residuum

est, nisi quod ex intima sententiae vi et orationis indole solius ingenii
ope sit eruendum." Möge der Werth dieser Methode sicher gestellt
werden durch ihren Erfolg.

Wir beginnen mit dem fünften Gedichte des vierten Buches
und heben zunächst die Stelle hervor:

> *condit quisque diem collibus in suis,*
> *et vitem viduas ducit ad arbores;*
> *hinc ad* **vina** *redit laetus et alteris*
> *te mensis adhibet deum.*

Für redit findet sich in vielen Handschriften die Variante venit.
Bentley bemerkte zuerst, dass in den Worten hinc ad vina redit
ein Fehler stecken müsse: *nam qui redit ad vina, iam tum antea vino
se invitasse videatur. At hic venit siccus sobriusque ab opere rustico,*
so argumentirte er einseitig, aber richtig, und zog deshalb die Lesart
venit vor. Hierin folgten ihm ohne weiteres Cuningam und Sanadon;
die übrigen Erklärer hielten an der alten Lesart fest. Erst Peerlkamp
prüfte die Stelle genauer: *vellem aliquis hunc locum probabili coniectura emendare potuisset. Ego non potui.* Bentleius: *ad vina venit.
Sono ingrato vitem viduas vina venit. Et omnino redire requi-
ritur de eo, qui mane domum ad colendas vineas liquit, vespera repetit.
Ut Virgilianus senex Georg. IV, 132: Seraque revertens nocte domum dapibus mensas ornabat inemptis. Horatius scribere potuit: hinc
limen repetit: hinc ad tecta redit: vel aliud eiusmodi, quod
propius ad vulgatam lectionem accedat.* In der That hätte die Aenderung hinc ad tecta redit den Vorzug verdient. Aber prüfen
wir die Stelle noch genauer! Horaz schildert die glückliche Re-
gierung des Augustus. Der Krieg hat aufgehört; Arbeit und
Fleiss ernähren friedlich den Landmann: „Still verbringt ein jeder
auf seinen Hügeln den Tag und leitet den Weinstock an unver-
mählten Bäumen empor; von da kehrt er froh zum Weine zurück
und ruft beim Nachtisch dich als Gott an." Offenbar will der Dichter
mit den letzten zwei Versen ein Bild des häuslichen Glückes geben:
warum denn aber an erster Stelle hinc ad vina redit (= zum
Weintrinken oder gar zum Weingelage; conf. od. I, 18, 5, wo
z. B. Ritter mit Bezugnahme auf unsere Stelle ausdrücklich bemerkt:

numerus multitudinis copiam denotat)? Warum denn hier schon ad vina, während doch sogleich wieder folgt:

> *te multa prece, te prosequitur mero*
> *defuso pateris?*

Und beginnt denn die Mahlzeit mit dem Weintrinken, wie man nach der Stellung ad vina redit et alteris te mensis adhibet deum annehmen müsste? Warum denn endlich ad vina redit oder auch ad vina venit und nicht vielmehr „zu Weib und Kind"? Aehnlich wie es bei der Schilderung ländlichen Glückes epod. II, 39 heisst:

> *quid si pudica mulier in partem iuvet*
> *domum atque dulces liberos,*
> *Sabina qualis aut perusta solibus*
> *pernicis uxor Apuli?*
> *sacrum vetustis extruat lignis focum*
> *lassi sub adventum viri,*
> *claudensque textis cratibus laetum pecus*
> *distenta siccet ubera,*
> *et horna dulci vina promens dolio*
> *dapes inemptas adparet.*

Ebenso wenig sind Frau und Kinder vergessen od. II, 18, 26:

> *pellitur paternos*
> *in sinu ferens deos*
> *et uxor et vir sordidosque natos.*

Oder bei Tibull. 1, 10, 51;

> *rusticus e lucoque vehit, male sobrius ipse,*
> *uxorem plaustro progeniemque domum.*

Und ebenso heisst es in einem Gedichte von ganz gleichem Inhalte und gleichem Tone IV, 15, 25:

> *nosque et profestis lucibus et sacris*
> *inter iocosi munera Liberi,*
> *cum prole matronisque nostris*
> *rite deos prius adprecati.*

Horaz schrieb: hinc ad **fida** redit. Der ungewöhnliche Ausdruck hat die unwissenden Abschreiber getäuscht. Für den kundigen Leser wird' kaum folgende Anmerkung nöthig sein. Das substantivisch gebrauchte Neutrum von Adjectiven dient zur Bezeichnung von Personen und umfasst gewöhnlich mehrere als Glieder einer einheitlichen Gesammtheit. Vergl. Krüger L. Gr. §. 402, Anm. 3 und Tacitus, ann. I, 46: *Tiberium, quod, dum patres et plebem, incalida* *et inermia* (= die schwachen und unbewaffneten Glieder), *cunctatione ficta ludificetur*, mit der Note von Nipperdey. An unsrer Stelle ist ad fida genau = ad pignora. Conf. Liv. I, 11: *ne quid usquam fidum* (im Sinne = pignus = τὸ πιστόν) proditori esset. Zu pignora (= Weib und Kind) conf. Tac. Germ. 7: *et in proximo pignora, unde feminarum ululatus* audiri, *unde vagitus infantium*. Man übersetze also: „von da kehrt er froh zu Weib und Kind zurück." Im Griechischen ist bekanntlich derselbe Sprachgebrauch, z. B. τὰ πιστά = οἱ πιστοί (bei Aeschylus, Pers. im Anfange oder v. 171 γηραλᾶ πιστώματα = πιστοὶ γέροντες) und τὰ φίλτατα von den Angehörigen der Familie. Demnach lässt sich an unserer Stelle auch übersetzen: „von da kehrt er froh zu seinen Li e b e n zurück." Man merke noch, dass der Lateiner fi d u s immer vorzugsweise von Frau und Kind und den Angehörigen überhaupt gebraucht: eine Stelle genügt zum Belege, Ovid trist. I, 3, 63:

> *uxor in aeternum vivo mihi viva negatur,*
> *et domus et fidae dulcia membra domus.*

In demselben Gedichte lesen wir oben:

> *ut mater iuvenem, quem notus invido*
> *flatu Carpathii trans maris aequora*
> **cunctantem** *spatio longius annuo*
> *dulci distinet a domo,*

> *votis ominibusque et precibus vocat,*
> *curvo nec faciem litore demovet,*
> *sic disideriis icta fidelibus*
> *quaerit patria Caesarem.*

Sollte der Dichter wirklich c u n c t a n t e m geschrieben haben? Man verbindet es mit spatio longius annuo; aber wer erträgt bei der natürlichen, einfachen Wendung: „den der Süd länger als ein Jahr fern von der süssen Heimath hält", das hinzugefügte cunctantem? Der Süd hält ihn mit neidischem Wehen fern der süssen Heimath als einen, der länger als ein Jahr z ö g e r t! Wer z ö g e r t, w i l l nicht. Wie stimmt das mit dem Süd, der ihn offenbar wider seinen Willen zurückhält? Andere verbinden trans maris aequora cunctantem. Der Begriff bleibt gleich lästig, und die Verbindung selbst wird kaum erklärlicher. In beiden Fällen verträgt sich d i s t i n e t nicht mit c u n c t a n t e m: man vergleiche nur unbefangen folgende Beispiele, Ovid. metam. IV, 651:

vimque minis addit manibusque expellere temptat cunctantem;
Cic. ad fam. VI, 1: *me eum esse, quem solitus esses auctoritate tua*
cunctantem et diffidentem excitare; und selbst die Stelle bei
Virg. Aen. IV, 133: *reginam thalamo cunctantem ad limina*
primi Poenorum expectant, die etwa für die Verbindung von trans
maris aequora cunctantem angeführt werden könnte. Man müsste
übersetzen: Jenseits der Meeresfluth verweilend; aber warum
hat der Dichter das unnöthige cunctantem hinzugefügt und einen
Begriff ausgelassen, den wir ungern vermissen? Ich vermuthe, die Abschreiber haben vielleicht cunctantem für **cursantem** gelesen: „wie
die Mutter den Sohn, den der Süd mit neidischem Wehen, über
Karpathische Meeresfluth eilend, länger als ein Jahr fern der
süssen Heimath hält —." In dem trans maris aequora cursantem
liegt, wie mir scheint, die Charakteristik eines Kauffahrers, an den
wir nothwendig hier denken sollen. Conf. I, 31, 13: (mercator) *dis*
carus ipsis, quippe ter et quater anno revisens aequor Atlanticum im-
pune. Mit dem Ausdrucke selbst vergleiche Hor. epist. I, 11, 27:
qui trans mare currunt, Virg. Aen. III, 191: *currimus aequor.*

Ich bemerke nachträglich, dass vor mir schon Peerlkamp an
dieser Stelle Anstoss genommen; seine Emendation verdient nicht
angeführt zu werden. Ist die Stelle wirklich falsch überliefert, so
glaube ich mit cursantem das richtige getroffen zu haben, und der
Schreibfehler entstand vermuthlich, weil cursantem mit Abbreviatur geschrieben war: das fehlerhafte cunctantem dagegen hielt sich, weil es
zu spatio longius annuo zu stimmen schien. Dieser Schein hat noch
Bosscha Vind. Horat. p. 132 zu der Bemerkung veranlasst: *cun-*
ctari spatio longius annuo vi dictionis non tantum poeticae, sed
et quotidianae ac vulgaris est, abesse longius anno et nondum redire.

Durch einen aus Abbreviatur entstandenen Schreibfehler erklärt
sich bestimmter die falsche Ueberlieferung II, 20, 13, wo wir noch
immer lesen:

> *iam Daedaleo* **ocior** *Icaro*
> *visam gementis litora Bospori*
> *Syrtesque Gaetulas, canorus*
> *ales, Hyperboreosque campos.*

Bentley sah auch hier wieder zuerst, dass ocior unmöglich
richtig sein kann : *miror equidem, cur Icari exemplo hic uti voluerit*
noster. Quid opus erat, ut male sibi ominaretur? Melius profecto IV, 2:

Pindarum quisquis studet aemulari,
Iule, ceratis ope Daedalea
nititur pinnis, vitreo daturus .
nomina ponto.

Quisquis ergo Icari exemplo volaverit, sive ocior sive tardior nihil interest, is certe male rem gesturus est.

Ausserdem findet sich schon in den Handschriften die Variante notior: *nimirum iam olim turbabant in hoc vocabulo.* Dazu kommt ferner, dass ocior sogar metrisch falsch ist, wie Lucian Müller in seiner vortrefflichen Schrift de re metrica p. 307 gegen Lachmann ad Lucret. p. 161 von neuem richtig bemerkt hat. Selbst Harduin (Pseudo-Horatius p. 343) hat diesmal Recht: *In Daedaleo vocalem ultimam non elidi et longam nihilominus manere sequente vocali, audaci soloeco proximum videtur.* Bentley schrieb:

iam Daedaleo tutior Icaro,

was Sanadon, Lachmann, Haupt und Meincke billigten. Aber mit Unrecht; denn wenn auch der Einwand Ritter's: *si quis tutior volat eo, qui minime tutus volavit ausisque excidit, infirmum salutis praesidium habet,* auf einem Missverständniss beruht, so ist doch der gesetzte Ausdruck durch und durch prosaisch, zu geschweigen, dass tutior eine gewaltsame Aenderung ist, weil sich bei ihrer Annahme nicht die Entstehung von ocior erklärt. Darum kehrten denn auch die übrigen Herausgeber meist zu dieser Lesart zurück, wovon schon Sanadon sagte: *il est étonnant, qu' ocior soit demeuré si long-temps en possession d'une place, où il n'aurait jamais dû paraître.* Horaz schrieb:

iam. Daedaleo **fortior** *Icaro*
visam gementis litora Bospori.

Der Schreibfehler ocior entstand aus dem compendiösen forcior. Wegen der Bedeutung des hier nicht gewöhnlich gebrauchten fortis („graecum et lyricum est": es streift an die Bedeutung von δεινός und wird im Lateinischen zuweilen durch die Glosse firmus wiedergegeben) vergleiche I, 37, 25:

ausa et iacentem videre regiam
vultu sereno, fortis et asperas
tractare serpentes, ut atrum
corpore conbiberet venenum.

Ebenso II, 10, 21:

rebus angustis animosus atque
fortis adpare;

und Livius VII, 20: *nondum erant tam fortes ad sanguinem civilem;* ferner Stat. Theb. III, 530: *sed fortior ecce adventat per inane cohors;* auch Petron. Sat. ed. Bücheler p. 164, 17:

> *fortior ominibus Mavortia signa*
> *Caesar et insolito gressu prior occupat ausus.*

Der Dichter sagt: *Daedaleo fortior Icaro;* denn dieser war **nicht fortis.** Conf. Ovid. trist. I, 1, 89:

> *dum petit infirmis nimium sublimia pinnis*
> *Icarus, aequoreis nomina fecit aquis.*

Darum heisst es auch IV, 2, 1:

> *Pindarum quisquis studet aemulari,*
> *Iule, ceratis ope Daedalea*
> *nititur pinnis, vitreo daturus*
> *nomina ponto;*

d. h. er unternimmt etwas, wofür seine Kraft nicht ausreicht, oder „*petit infirmis nimium sublimia pinnis*", wie Ovid sagt. Wie genau das auf unsere Stelle Anwendung findet, lässt sich auch daraus erkennen, dass man für fortior, wie ich schon andeutete, und wie wir noch genauer sehen werden, an einer anderen Stelle **firmior** hat, also *Daedaleo fortior Icaro = iam non Icari exemplo infirmis, sed ego firmis pinnis volabo.* Möge sich niemand durch die falsche Auffassung von Peerlkamp *(„in facto Icari praecipue audacia cernebatur")* beirren lassen, die auch Dyckhoff in seiner sonst feinen Arbeit *de aliquot Horatii carminum locis suspectis* pag. 30 wiederholt. Freilich war Icarus, wie Seneca Oedip. 907 sagt, *comes audacis viae,* aber darum nicht selbst fortis: er war ein schwaches Kind, auf **fremde Hülfe** vertrauend, nicht **eigener Kraft** *(infirmis petit sublimia pinnis* und *ceratis ope Daedalea nititur pinnis;* ich glaube hiermit zugleich die einzig richtige Erklärung der öfters noch missverstandenen Worte *ope Daedalea* angedeutet zu haben): desshalb zeigt sich denn auch der Vater so besorgt um ihn. Vergl. Ovid. metam. VIII, 213:

> *ante volat, comitique timet velut ales, ab alto*
> *quae teneram prolem produxit in aera nido;*

und desshalb ruft Icarus in der Gefahr, in die ihn sein kindisches Unterfangen gestürzt, nach seinem Vater:

> *oraque caerulea patrium clamantia nomen*
> *excipiuntur aqua.*

Ich halte es für überflüssig den Leser noch daran zu erinnern, wie gut die Wendung: „bald werde ich, b e h e r z t e r als der dädalische Icarus, den Strand des tosenden Bosporus schauen," — zum stolzen Tone des ganzen Gedichtes passt: ähnlich heisst es in einer der beiden Oden, bekanntlich Nachahmungen des Horaz, die Pallavicini 1778 zu Rom in einem Manuscripte dem ersten Buche beigefügt fand:

> *te Roma cautum territat ardua?*
> *depone vanos invidiae metus,*
> *urbisque dignitate fidens*
> *per plateas animosus audi!*

Ebenso unnöthig ist es, nachdem wir wieder, wie ich mit aller Sicherheit behaupten zu können meine, die ursprüngliche Hand des Dichters vor uns haben, die zahllosen Versuche frühcrer Kritiker aufzuzählen: interessant aber ist es zu sehen, wie sie alle — *audacior, cautior, laetior, certior, ornatior* — im Vergleich zur richtigen Lesart matt und gewöhnlich sind, selbst das Bentley'sche t u t i o r nicht ausgenommen, das freilich bei weitem das beste war, was versucht worden ist. Wer c a u t i o r schrieb, gerieth beinahe auf das gerade Gegentheil von dem, was Horaz zu sagen selbstbewusst genug war: oben in der Nachahmung ist es ein Vorwurf, der dem Büchlein gilt: te Roma c a u t u m territat ardua?

Auf einem Schreibfehler wahrscheinlich beruht auch IV, 5, 18 die Lesart:

> *tutus bos etenim rura perambulat,*
> *nutrit rura Ceres almaque Faustitas.*

Schon Tanaquill Faber hat bemerkt, dass das doppelte r u r a hier anstössig ist: er versuchte desshalb p r a t a perambulat zu schreiben. *Verum ut in vitio detegendo sagax,* sagt Bentley, *ita in medicina facienda infelix fuit Tanaquillus: sanus enim et sincerus est prior versiculus; neque incrustatione est opus. In posteriore illo latet ulcus:*

> *nutrit r u r a Ceres almaque Faustitas.*

Diese Bemerkung ist ganz richtig, aber unrichtig ist die darauf folgende Demonstration, woraus die Unmöglichkeit der Verbindung n u t r i r e r u r a gefolgert wird: ihr steht schon die Stelle entgegen bei Sil. It. XII, 375: S a r d i n i a propensae Cereris n u t r i t a favore, so dass Bentley nicht hätte fragen dürfen: *qui, malum, igitur Ceres r u r a nutrire poterit?* Denn *nutrit rura Ceres* hiesse einfach: „Fruchtbarkeit verleiht den Feldern Ceres", und wäre an und für sich unanstössig. Aber warum

muss denn auch eine jede Veränderung im Texte eine greifbare Unrichtigkeit enthalten? Auch Bentley's Vorschlag *nutrit farra Ceres* ist
verfehlt und bedarf keiner Widerlegung. Darum gingen Sanadon und
Peerlkamp auf die Aenderung Faber's zurück. Cuningam, der Verstand genug besass, das Fehlerhafte zu begreifen, aber selten Geschick
hatte, das Richtige zu finden, schrieb *nutrit culta Ceres.* Die neueren
Herausgeber sind bei der Lesart der Codices stehen geblieben: Ritter
glaubt sogar hinzufügen zu müssen: *mire Bentleius in* ἀναδιπλώσει
nutrit rura consulto admissa offendit. Dagegen hatte schon Sanadon
richtig bemerkt: *de l' aveu même de M. Dacier cette répétition ne fait
ici ni figure, ni grâce.*

Horaz schrieb, wie ich vermuthe:

> *nutrit* **rite** *Ceres almaque Faustitas;*

nutrire ohne Objekt = Nahrung spenden; ebenso gebraucht Cicero
z. B. fastidire pro Milone XVI, 42 absolut = einen Widerwillen
empfinden. Ferner rite, bekanntlich ein Lieblingsausdruck des Horaz,
in dem Sinne: wie es sich gehört, und wie Ceres gewohnt ist zu
thun. Vergleiche IV, 15, 4: *tua, Caesar, aetas fruges et agris ret-
tulit uberes,* womit Velleius Paterculus übereinstimmt II, 89: *Prisca
illa et antiqua reipublicae forma revocata rediit cultus. agris, sacris honos, securitas hominibus, certa cuique rerum suarum possessio.*
In den Bürgerkriegen war das anders gewesen; Virgil. Georg. I, 506:

> *non ullus aratro*
> *dignus honos; squalent abductis arva colonis*
> *et curvae rigidum falces conflantur in ensem.*

Das feierliche Wort rite gehört ganz in unsere Stelle: ebenso
carm. saecul. 13:

> *rite maturos aparire partus*
> *lenis Ilithyia, tuere matres.*

Auch die Verbindung mit nutrire ist dem Horaz geläufig od. IV, 4, 25:
rite quid indoles nutrita, wo Nauck die richtige Interpunktion hergestellt, was Haupt in seiner neuen Ausgabe übersehen zu haben
scheint. Das Verderbniss entstand aus dem Zusammentreffen der
gleichen Silben nutrit rite, wovon die eine zunächst ausfiel. Die
Lücke findet sich noch im Codex Graevii, wo man nutrit . . ra gelesen; ein codex Lipsiensis hat nutritura. Vielleicht ist das die
fehlerhafte Auflösung der compendiösen Schreibung nutrīte = nutrit
rite. Ist dem so, so lag es nah, nutrit rura für nutritura zu
substituiren. Wie zahlreich und künstlich die Abkürzungen in den

alten Horazhandschriften waren, zeigen noch die im alten Berner Codex n. 363. zurückgebliebenen Spuren: ein Beispiel sieh bei Ritter I, p. 417 *lucanā ut* > *pascula* = *lucana mutet pascula*, wozu ich nur bemerke, dass in pascula mir die doppelte Lesart pascua und pascuis (wie nemlich die Blandinii an dieser Stelle epod. I, 28 haben) zu stecken scheint.

Man beachte noch, dass in der folgenden Strophe

> *nullis polluitur casta domus stupris,*
>
> *mos et lex maculosam edomuit nefas,*
>
> *laudantur simili prole puerperae,*
>
> *culpam poena premit comes;*

mit jedem Verse ein neuer Gedanke für sich eingeführt wird; dasselbe findet jetzt in der vorliegenden Statt:

> *tutus bos etenim rura perambulat,*
>
> *nutrit rite Ceres almaque Faustitas,*
>
> *pacatum volitant per mare navitae,*
>
> *culpari metuit Fides.*

Hoffentlich leuchtet auf diese Weise noch besser ein, wie ungeschickt die durch das wiederholte rura bewirkte Verkettung der beiden ersten Verse ist, die dem Sinne nach keinen Bezug auf einander haben, weil offenbar die Sicherheit des Stieres unabhängig ist von der Nahrung, die Ceres spendet. Anders, wenn es hiesse:

> *laetus bos etenim rura perambulat,*
>
> *nutrit rura Ceres almaque Faustitas,*

wo der zweite Satz gleichsam eine Begründung zum ersten enthielte, und wo dann freilich von einem absichtlich wiederholten rura mit betontem nutrit die Rede sein könnte, obgleich der ganze Gedanke hier unpassend wäre.

Ich weiss, dass die vorhergegebenen Aenderungen, mit Ausnahme von fortior etwa, bei den meisten, die sich ungern den Wahn einer makellosen Ueberlieferung nehmen lassen, wenig Beifall finden werden; aber ich hoffe darum doch den bestimmten Beweis mehr und mehr liefern zu können, dass sich noch immer ganze Stellen im Horaz finden, deren offenbare Verderbtheit selbst wenig geübten Köpfen im Augenblicke einleuchten muss, wo sie die gelungene Herstellung sehen. Ich wähle als ersten Beleg od. I, 35, 21:

> *te Spes et albo rara Fides colit*
>
> *velata panno, nec comitem abnegat,*

2

utcunque mutata potentis
veste domos inimica **linquis.**

Schon Bentley und Peerlkamp haben die Worte als verderbt bezeichnet. *Nullum hic*, sagt der erste, *exitum video, neque quomodo sententiâ procedere possit intelligo.* Und der zweite: *locus difficillimus, ut ostendit Bentleius, qui se hinc expedire non potuit, nisi legendo ini-mica vertis.* Meineke erklärt geradezu: *Equidem despero de proba-bili interpretatione loci, in quo praeter cetera etiam pannus quid sibi velit non intelligo; falluntur enim, qui id de qualibet veste intelligi posse existimant.*

Die richtige Emendation liegt näher, als man geglaubt hat. Horaz schrieb nemlich:

> *te Spes albo rara Fides colit*
> *velata panno, nec comitem abnegat,*
> *utcunque mutata potentis*
> *veste* **domus** *inimica* **linquunt;**

„dich ehrt die Hoffnung und die seltene Treue, in das schlichte Kleid der Unschuld gehüllt, und nicht versagt sie ihr Geleit, sobald die Mächtigen mit vertauschtem Gewand die feindselige Heimath verlassen."

Der Dichter fährt fort:

> *at vulgus infidum et meretrix retro*
> *periura cedit, diffugiunt cadis*
> *cum faece siccatis amici,*
> *ferre iugum pariter dolosi;*

„aber zurück weicht das treulose Volk und die meineidige Buhlerin, aus einander fliehen, nach dem die Fässer bis zur Hefe geleert, die Freunde, voll Trug meidend, nach gleichem Antheil das Joch zu tragen."

Erst durch diese Herstellung gewinnen wir ein richtiges Verständniss der ganzen Stelle, in der nun, wie die blosse Uebersetzung zeigt, ein jedes Wort so zu sagen eine neue Bedeutung bekommt.

Bei *fides albo velata panno* zunächst hat schon der Scholiast den richtigen Gedanken getroffen. Er bemerkt nemlich: *posset videri vili verbo usus panno, nisi hoc sermone intelligi voluisset a pauperibus magis coli fidem — seu quia honesti, dum fidem colunt, pauperes sunt et est quaestuosa perfidia.* Ebenso denselben Umstand hebt Tibull. I, 5, 63 hervor, wenn er sagt: *pauper in angusto fidus comes agmine turbae.* Zum Ueberflusse mag man noch Petronius ed. Bücheler p. 99 vergleichen, um über die ganz bestimmte Bedeutung von pannus ins Klare zu kommen: *quare ergo, inquis, tam male vestitus es? Propter hoc ipsum: amor ingenii neminem unquam ditilem fecit,* wo dann das kleine Gedicht folgt:

> *qui pelago credit, magno se faenore tollit,*
> *qui pugnas et castra petit, praecingitur auro,*
> *vilis adulator picto iacet ebrius ostro,*
> *et qui sollicitat nuptas, ad praemia peccat:*
> *sola pruinosis horret facundia pannis*
> *atque inopi lingua desertas invocat artes.*

Demnach hat Meineke richtig geurtheilt, und Preller in seiner röm. Mythologie p. 226. wird den weissen Schleier aufgeben müssen, in den er die Fides sich hüllen lässt. Auch Sanadon hat irrthümlich diesen weissen Schleier angenommen, aber mit einem feinen Zusatze: *ce voile blanc, dont la Fidélité est couverte, marque sa candeur et son désinteressement.* Dieser Zusatz behält seine Geltung, nur dass er sich uns auf die besondere Bedeutung von pannus gründet.

Ueber nec comitem abnegat hätte man kaum nöthig etwas zu bemerken, wenn nicht auch hier die meisten Herausgeber einen groben Verstoss gegen die grammatisch richtige Auslegung gemacht hätten. Bei solchen Ausdrücken sind wir gewohnt, ein Pronomen zu ergänzen, aber das zu ergänzende Pronomen liegt immer in der Person des Verbums bestimmt angedeutet; also comitem abnegat = se abnegat; ebenso Ovid a. a. o. l. 127 *comitemque negarat* = se negarat, und Virg. Aen. II, 591 *in luce refulsit alma parens confessa deam* = se confessa. Dagegen Terent. Eun. II, 3, 84 *facile ut pro eunucho probes* = te probes. Nur die Noth zwang dazu, hier nec comitem abnegat = te abnegat zu fassen.

Für das ebenso von Cicero oft substantivisch gebrauchte potentis erinnern wir an Phädr. I, 30: *humiles laborant, ubi potentis dissident.* Auch *mutata veste* hat eine neue Beziehung bekommen: früher musste man es auf die Fortuna beziehen; *denique illud,* sagt Peerlkamp, *hoc loco notandum, Fortunam, quae apud alios vultum, frontem mutat, mutare vestem,* ohne zu begreifen, dass diese Neuerung keinen Sinn gehabt hätte. Schon der Scholiast macht auch hier wieder die richtigere Bemerkung: *aut luctu aut pauperie.* Es ist von damnati die Rede, die Trauerkleider tragen und in die Verbannung gehen: *mutata* geradezu = *pullata.* cf. Iuven. III, 212: *pullati proceres* und Liv. II, 61: *unus e patribus ipse Ap. Claudius et tribunos et plebem et suum iudicium pro nihilo habebat: illum non minae plebis, non senatus preces propellere unquam potuerunt, non modo ut vestem mutaret u. s. w.*, d. h. dass er Trauerkleider anlegte.

Endlich gelangen wir zur entscheidenden Aenderung: **domus inimica**. In diesem ungewöhnlichen Ausdrucke lag der Grund des ganzen Verderbnisses. Od. IV, 5, 76 schrieb der Dichter:

et curae sagaces
expediunt per acuta belli.

Die Abschreiber machten meist per ac**uta bella** daraus: eben so ist hier potentis domos verbunden und geändert, weil man die Verbindung domus inimica übersah oder vielmehr nicht verstand. Eine Aenderung zog die andere nach sich: neben potentis domos inimica war linq**uunt** unmöglich; ein Corrector vergass in dieser Noth Sinn und Zusammenhang dieser und der folgenden Strophe und liess, indem er linq**uis** schrieb, die Fides, deren Beständigkeit eben gerühmt wird, bei wechselndem Glücke mit der Fortuna durchgehen, ganz so, wie Ovid. Pont. II, 3, 7 klagt: *et cum Fortuna statque caditque Fides*. Aber von jener Treue redet Horaz nicht; sie ist die Treue oder vielmehr die Untreue des grossen Haufens, von dem Ovid an derselben Stelle sagt: *volgus amicitias utilitate probat;* die *rara Fides albo velata panno* eilt nicht mit der Fortuna hinweg, wie auch Ovid weiss; Pont. I, 9, 15:

adfuit ille mihi, cum pars me magna reliquit
maxime, Fortunae nec fuit ille comes.

Man sieht, ein unglaublicher Unsinn war durch jene Correctur in die Stelle hineingekommen; aber die Erklärer erklärten gedankenlos weiter und versicherten hinterdrein jedesmal *„nec quidquam nunc difficultatis in eo video.“* Bentley, der zuerst die verkehrte Ueberlieferung merkte, wurde sogar dafür verantwortlich gemacht, dass er die süsse Ruhe der Interpreten gestört hatte. Denn er war es, *„qui ingeniosissime id egit, ut locum non adeo intricatum nimia subtilitate obscuraret.“* Man wird in solchen Fällen immer besser thun, die eigene Oberflächlichkeit nicht mit der zu grossen Spitzfindigkeit Anderer beschönigen zu wollen! Auch hier gilt, was Lessing sagt: „Tausenden für einen ist das Ziel des Nachdenkens die Stelle, wo sie des Nachdenkens müde geworden.“

Bei domus inimica erinnert sich der kundige Leser von selbst an die Taciteische Wendung *inlustrium domuum adversa* (ann. III, 24) = das Unglück erlauchter Häuser. Aber er würde Unrecht thun, unsere Stelle ebenso zu fassen: domus bedeutet hier Heimath (wie z. B. Liv. XXII, 39: *Hannibal contra in aliena, in hostili est terra, inter omnia inimica infestaque, procul ab domo, ab patria, neque illi terra neque mari est pax*) und *domus adversa*, oder was dasselbe ist, *domus inimica* (so wechselt mit dem gewöhnlichen i n i m i c u m infestumque z. B. bei Cicero pro Mil. II, 4 a d v e r s u m *infestumque*) heisst, wie wir oben übersetzten, die feindselige Heimath oder auch das feindselige Geschick seiner Heimath. Hätte der Dichter domus inimica als das Unglück seines Hauses verstanden wissen wollen, so würde er nicht l i n q u u n t, worauf die Handschriften führen und was der Fortschritt der Rede in der folgenden Strophe verlangt, sondern vielmehr l u g e n t geschrieben haben. Dass übrigens in der Endung von l i n q u i s der Fehler zu suchen war, zeigt auch die in zwei Handschriften aufbewahrte Variante l i n q u e n s.

Man bemerke noch, dass der Dichter, wie er im Vorhergehenden die Necessitas weitläufig schildert:

> *te semper anteit saeva Necessitas*
> *clavos trabalis et cuneos manu*
> *gestans aena, nec severus*
> *uncus abest liquidumque plumbum,*

ebenso auch hier, gleichsam von neuem abbiegend von seinem eigentlichen Thema, die Gelegenheit wahrnimmt, das Bild der Fides ausführlicher zu malen und durch den Gegensatz der perfidia noch bestimmter hervorzuheben. Bekanntlich hat Lessing in seinem Laokoon in anderer Weise, wie früher schon Sanadon und später Peerlkamp, an der breiten Schilderung, die der Dichter der einfachen Erwähnung der Necessitas folgen lässt, Anstoss genommen; ob mit Recht oder Unrecht, lasse ich ununtersucht; aber dass die ganze Strophe nach der richtigen Herstellung der folgenden jetzt weniger auffällig hervortritt, glaube ich auf das Bestimmteste behaupten zu dürfen. Warum neben der Necessitas auch die Spes und Fides als solche eingeführt werden, die die Macht der Fortuna verehrend anerkennen, darüber haben schon die Erklärer richtig bemerkt: *quia sperantes animum non despondent, sed meliora facile expectant, ipsa Spes colere Fortunam dicitur. Porro Fides Fortunam colit, quod fideles amici u t r a m q u e F o r t u n a m eorum quos diligunt, pariter sectantur.*

Uebrigens ist c o l i t ein etwas farbloser Ausdruck, den die Noth dem Dichter abgewonnen zu haben scheint, wie jeder leicht fühlen wird.

Ich darf nicht weiter gehen, ohne bei domus inimica an eine Correctur zu erinnern, die schon längst gemacht ist. Acidalius, einer der scharfsinnigsten Kritiker, die je gelebt haben, vermuthete zu Velleius II, 110, dass od. I, 1, 16 statt

> *luctantem Icariis fluctibus Africum*
> *mercator metuens otium et oppidi*
> *laudat r u r a sui: mox reficit rates*

vielmehr zu schreiben sei:

> *otium et oppidi*
> *laudat* **tuta** *sui: mox reficit rates*

Unzweifelhaft müssen wir entschiedener noch, als Bentley, mit G. Hermann dieser Correctur mehr Wahrscheinlichkeit als der überlieferten Lesart zusprechen. Die Bentley'sche Anmerkung ist durch die Ausführung Peerlkamp's, der von einer unrichtigen Auffassung der ganzen Stelle ausgehend die Vulgata in Schutz nehmen zu müssen glaubte, durchaus nicht unzuverlässiger geworden. Darin hat Peerlkamp Recht: *t u t a o p p i d i non plane idem significare quod t u t u m o p p i- dum.* Man bedurfte zunächst des Neutrums in solchen Zusammenstellungen, um, wie Krüger lat. Gr. p. 457 schon bemerkt, einen a b - s t r a k t e n Begriff auszudrücken, für den es kein Substantiv gab: *otium et oppidi laudat tuta sui* = preist die Ruhe und Sicherheit seiner Vaterstadt. Natürlich kann dieser abstrakte Begriff nach einer bekannten Eigenthümlichkeit der lateinischen Sprache wieder in concreter Bedeutung verwendet werden; also Lucan. X, 458 *quaerit tuta domus* = sucht den sichern Versteck des Hauses, und ebenso oben *inimica domus* = das feindselige Geschick der Heimath. Im Uebrigen vergleiche auch die Bemerkungen zu Reisig, lat. Sprachwissenschaft, Anmerk. 524, worauf Lübker schon gegen Peerlkamp verwiesen hat. Was ebenderselbe Gelehrte bei dieser Gelegenheit bemerkt, dass der Zweifel Bentley's, ob man rura oppidi sagen könne, durch die von Peerlkamp beigebrachten Beispiele erledigt sei, ist dahin abzuändern, dass für diese Ausdrucksweise schon Sanadon Belegstellen anführte. Ich erwähne dies nicht, um gegen Peerlkamp, der fast nie seine Vorgänger citirt, einen alten Vorwurf von neuem zu wiederholen, sondern vielmehr, um die Bemerkung daran zu knüpfen, dass es ein Fehler der Bentley'schen Argumentationen ist, z u v i e l beweisen zu wollen. Der kleine, unvorsichtig ausgesprochene Satz: *equidem rura oppidi vel simile quid non usquam legisse memini,* den die Interpreten leicht als falsch erkannten, hat den Anlauf zu weiteren Untersuchungen bei den meisten sofort gehemmt und der richtigen Einsicht geschadet. Ich wiederhole es, was ich schon einmal gesagt, dass nicht nothwendig jede verderbte Lesart einen durchaus schiefen und unrichtigen Sinn geben muss; aber hervorgehoben muss hierbei doch werden, dass, obwohl die Wendung *otium et oppidi rura sui* erträglich scheint, sie doch nicht so einfach · zu erklären ist, wie die Erklärer .glauben. Sanadon. z. B. bemerkt: *Monsieur Dacier a fort bien remarqué la figure dont se sert ici Horace en disant otium et rura pour otium rusticum;* und Lübker: *übrigens steht otium et rura allerdings in einem Hendiadys* (man wird sich gewöhnen müssen richtiger ἓν διὰ δυοῖν zu sagen) *zu einander, nur dass beide Seiten der Vorstellung recht stark hervorgehoben werden sollen.* Diese letzte Bemerkung ist fein, weil sie den Zweck der genannten Figur richtig andeutet;, also ist! preist die Musse und die Ländereien seiner Vaterstadt, nicht schlechtweg = preist die ländliche Musse seiner Vaterstadt, sondern = die Musse, die ihm die Ländereien seiner Vaterstadt bieten. Aber dabei entstehen nun doch Bedenken zweierlei Art, zunächst, warum der Dichter den mercator, einen Grosshändler, in einer kleinen Landstadt wohnen lässt, und dann bildet otium rusticum, womit man ungeschickt die Wahl eines anderen Lebensberufes angedeutet sein lässt, doch nur den Gegensatz eben zu einer bestimmten Thätigkeit in der Stadt. Wenn Cicero orat. I, 58 sagt: *philosophorum libros reservet sibi ad huiusmodi Tusculani requiem atque otium* = die Bücher der Philosophen mag er sich aufheben für die Ruhe und Musse, die ihm ein ländlicher Aufenthalt, wie das Tuskulanum ist, bietet, so versteht jedermann leicht den Gegensatz des praktischen Geschäftslebens; lobt nun ein Grosshändler sein otium rusticum, so wird man natürlich zunächst nur an eine Villegiatur, d. h. an einen zur Erholung gewählten Landaufenthalt zu denken haben, wie bei Grosshändlern zu allen Zeiten gebräuchlich war.

Mag man aber auch weiter an dem Ausdrucke herumdeuten, wie man will, immer entsteht zuletzt die Frage, warum der Dichter den seinem Geschäfte nachgehenden Kaufmann in der Gefahr auf dem Meere nicht einfach, worauf eben der Gegensatz von selbst hinweist, an das ruhige Leben denken lässt, das ihm ungefährdet seine Vaterstadt bietet? Der feine Gegensatz, welcher in den Worten liegt:

luctantem Icariis fluctibus (i. e. **praecipitem**, conf. 1, 3, 12) *Africum mercator metuens laudat otium et oppidi tuta sui*, erhellt auch aus Tac. ann. XV, 29: *laudat iuvenem omissis praecipitibus tuta et salutaria capessentem.* Noch ein zweiter Gegensatz ist in dem ganzen Gedanken zu den vorhergehenden Worten enthalten: der genügsame Landmann *(gaudentem patrios findere sarculo agros)* würde sich um alle Schätze der Welt nicht dazu verstehen, die S c h r e c k e n einer Seefahrt *(nunquam demoveas, ut Myrtoum pavidus nauta secet mare)* auszuhalten: der üppige Kaufherr *(indocilis pauperiem pati)*, der in der Gefahr, in die ihn Liebe zum Erwerb gestürzt hat, zwar den Müssiggang und die Sicherheit seiner Vaterstadt lobt, kann es doch nicht über sich gewinnen, nach seiner Rückkehr ruhig und gefahrlos zu Hause zu bleiben. Alles was man gegen diese Correctur, deren beiläufige Erwähnung man sogar vielfach scheut, einzuwenden für gut hielt, beruht auf purem Missverständniss und ist, wie bei Iahn disp. de Horatii carmine primo p. 26, ohne Einsicht niedergeschrieben: *oppidi rura a Bentleio parum recte in oppidi tuta mutata esse. Non perspexit ille ea rura significare hoc, quo mercator domi honestam paupertatem degere potuisset, ideoque ad iustam imaginis illustrationem necessaria esse: quod non cadit in oppidi tuta, ad quae confugiunt, qui se ab hostibus tutantur, non qui inopiam effugere volunt.*

Der Anfang der f ü n f u n d d r e i s s i g s t e n Ode, die wir eben behandelten, lautet nach übereinstimmender Ueberlieferung:

> *O diva, gratum quae regis Antium,*
> *praesens vel imo tollere de gradu*
> *mortale corpus vel superbos*
> *vertere funeribus triumphos.*

Meineke macht die Bemerkung: *memini cum Lachmannus sursus sibi pro corpus scribendum videri mihi diceret, nec sane intelligitur, quo pacto quis corpus recte tueri possit.* Man wundert sich, dass Linker diese Aenderung, mit der es Lachmann unmöglich Ernst sein konnte, in den Text aufgenommen hat. Mortale corpus wird geschützt durch den Gegensatz superbos triumphos: aber freilich kann die allgemeine Erklärung mortale corpus = d e n S t e r b l i c h e n oder d e n E r d e n - s o h n, wie die Herausgeber wollen, kaum richtig sein; vielmehr scheint m o r t a l e c o r p u s entweder = corpus vita defunctum (ähnlich wie Pindar, Olymp. IX, 34: βροτέα σώματα = Leichname hat) oder einfach = d e r m e n s c h l i c h e L e i b, i. e. der im K a m p f e g e f a l l e n e

Leib. Darauf weiset das folgende hin *vel superbos vertere funeribus triumphos*. Die Göttin kann den Gefallenen von der Erde emporraffen oder den stolzen Sieger in eine Leiche verwandeln: dies, meine Ich, muss der Gedanke sein, und vermuthe darum, dass der Fehler unserer Stelle in *imp tollere de gradu* steckt. Es ist möglich, dass, wenn die Stelle verderbt ist, Horaz geschrieben hat:

> *O diva, gratum quae regis Antium,*
> *praesens vel imo tollere de solo*
> *mortale corpus vel superbos*
> *vertere funeribus triumphos;*

de gradu wäre dann die schiefe Erklärung eines Scholiasten, der den allgemeinen Gedanken *ima summis* mutare, wie es am Ende des voraufgehenden Gedichtes heisst, auch in diese Stelle hineinlegen wollte, während Horaz die Entrückung eines Gefallenen darstellt. Vergl. Nitzsch, Beiträge zur Geschichte der epischen Poesie der Griechen p. 238: „hier erbat Eos ihrem Memnon von Zeus die Unsterblichkeit, und dieser gab sie ihm, d. h. die sonst tödtliche Wunde wurde durch des Zeus Wunderwirkung unschädlich gemacht, und Eos entraffte den Leib ihres Sohnes und brachte ihn an einen Ort, wo er nun als Heros waltete." Ueber diesen Glauben S. Nitzsch, Anm. zur Odyss. Th. III, p. 343, ausserdem die Kunstbilder bei Overbeck, Gallerie p. 526—530. Es ist zu bedauern, dass Bentley nach der Veröffentlichung seiner grossen Arbeit nicht noch einmal zu Horaz zurückgekehrt ist. Seinem Scharfblicke würde vielleicht die Unhaltbarkeit solcher und ähnlicher Stellen, die er unberührt liess, bei erneuerter Prüfung nicht mehr entgangen sein, und die Kritik hätte den Vortheil, überall auf seiner Argumentation zu fussen. Aber auch so giebt es noch zahlreiche Besserungen von ihm, denen es gilt endlich Aufnahme zu verschaffen, weil unsere Horaz-Herausgeber sich noch immer nicht von ihrer Nothwendigkeit überzeugt zu haben scheinen. Ich führe nur beiläufig an III, 5, 13:

> *hoc caverat mens provida Reguli*
> *dissentientis conditionibus*
> *foedis et exemplo trahentis*
> *perniciem veniens in aevum,*
>
> *si non periret inmiserabilis*
> *captiva pubes.*

Bentley hat richtig geurtheilt: wäre die überlieferte Lesart echt, so müsste Horaz nothwendig geschrieben haben: nec exemplo trahentis. Die Versuche trahentis entweder conditional = qui traheret zu erklären oder gar in dem Sinne zu fassen = trahi dicentis sind grundverkehrt. W. Canter, bekannt durch seine elegante Aeohylus-Ausgabe, kam der Wahrheit näher mit seiner Aenderung exemplo trahenti. Auch der Commentator Cruquii kannte, wie Cuningam in gewohnter Art nachträglich gegen Bentley bemerkt, schon diese Lesart. Und doch ist sie eben so wenig richtig als die vorhergehende. Denn Horaz schrieb, wie Bentley vermuthet hat:

foedis et exempli trahentis,

hoc -est, *conditionibus quae foedae erant et pessimi exempli.* Von den neuen Herausgebern hat nur Haupt die Besserung Bentley's aufgenommen: die meisten halten an exemplo trahentis fest, was keinen Sinn giebt; andere nehmen die Aenderung von Canter auf, die diplomatisch sogar schwieriger ist.

In demselben Gedichte begegnen wir noch einer anderen Stelle, wo die Exegeten und Kritiker zum Schaden der Wahrheit den genialen Tiefblick des englischen Herausgebers unterschätzt haben. Zugleich kann sie als zweiter Beleg offenbar corrupter Stellen im Horaz gelten. Wir lesen nemlich in der Rede des Regulus:

auro repensus scilicet acrior
miles redibit. flagitio additis
damnum: neque amissos colores
lana refert medicata fuco,

nec vera virtus, cum semel excidit,
curat reponi deterioribus.
si pugnat extricata densis
cerva plagis, erit ille fortis

qui perfidis se credidit hostibus;
et Marte Poenos proteret altero
qui lora restrictis lacertis
sensit iners **timuitque mortem.**

hic *unde vitam sumeret* **inscius**
pacem duello miscuit. o pudor,
o magna Carthago, probrosis
altior Italiae ruinis!

Neben *inscius* findet sich die gut bezeugte Lesart *aptius*. Diese Variante, die andere sorgfältig verschwiegen — „*sollenne est iis hominibus, quod non probent aut non intelligant, dissimulare ac supprimere*" —, führte Bentley dazu, die ganze Stelle genauer zu untersuchen. Der Verdacht der Fälschung bestätigte sich. Zunächst fiel ihm mit Recht *timuitque* mortem auf: *quid enim? minor certe culpa est timere mortem, quam ea quae praecesserant, abiecisse arma, dedisse se hostibus et paratas ad lora manus praebuisse. Timet quidem mortem etiam fortissimus quisque: atque ita ipsa natura comparati omnes sumus. Is demum vir est, non qui omnino mortem non timet, sed qui minus, quam turpem vitam et salutem flagitio quaesitam.*

Noster alibi IV, 9, 50:

> *peiusque leto flagitium timet,*
> *non ille pro caris amicis*
> *aut patria timidus perire.*

Ergo praeter decorum minuit vim orationis, cum post cetera pudenda illud addit ut gravissimum timuitque mortem. An zweiter Stelle bestätigt der folgende Vers selbst den Verdacht: *quid sibi vult hic? hic unde vitam sumeret inscius. Respondebunt opinor hic miles. Atqui hoc coactum est plane et Horatio indignum. Non enim de uno milite, sed de multis agitur, ut supra: et arma militibus sine caede, dixit, derepta vidi. Postea vero cum in orationis cursu ait: erit ille fortis, qui perfidis se dedidit hostibus: si de illo homine vocabulum hic intelligi velis, dicendum utique fuerit,*

> *ille unde vitam sumeret inscius.*

Von diesen Gründen ausgehend und zugleich den Gedanken festhaltend, dass *aptius* offenbar die ursprünglichere Lesart, *inscius* aber durch Coniectur dem Texte angepasst worden sei, vermuthete Bentley, dass Horaz geschrieben habe:

> *qui lora restrictis lacertis*
> *sensit iners timuitque mortem*
>
> *hinc, unde vitam sumeret aptius;*
> *pacem et duello miscuit;*

indem er die Bemerkung hinzufügte: *hinc timuit mortem, unde aptius vitam sumeret. Ut alibi* III, 11, 38:

> *surge, ne longus tibi somnus, unde*
> *non times, detur.*

Hinc, id est, a pugna, ferro, manu: unde viri fortes aptius vitam quaerunt, quam deditione aut fuga. Homerus II. O, 741:

τῷ ἐν χερσὶ φόως, οὐ μειλιχίῃ πολέμοιο.

Sall. Iug. 39. ante omnes infesti ac maxime, qui bello saepe praeclari fuerunt; quod armatus dedecore potius quam manu salutem quaesierit. Paterc. I, 2. *quis enim (Codrum) non miretur, qui iis artibus mortem quaesierit, quibus ab ignavis vita quaeri solet.* So weit Bentley, dessen Verdienst darin besteht, die Unrichtigkeit der Stelle nachgewiesen und in etwa den Weg zur Besserung gezeigt zu haben. Man wundert sich mit Recht, wie die späteren Herausgeber fast ohne Ausnahme, trotz der gewichtigen Argumentation Bentley's beinah stillschweigend an dieser Stelle vorübergehen konnten. Und eben die besten noch schwiegen still, oder begnügten sich mit der einfachen Angabe der Bentley'schen Abweichung und dem stehenden Zusatze: *nec vero quidquam mutandum videtur,* der auch bei Stallbaum wieder erscheint. Andere, die sich freilich gerade an solchen Stellen am weitesten entfernt fühlen mussten von der scharfsinnigen Auffassung eines Bentley, geriethen in Johnson's schulmeisterlichen Ton (Aristarch. Anti-Bentl. p. 34: *nescio quid hic velit argutator sibi*) und bezüchtigten den gewissenhaftesten Kritiker geradezu der Leichtfertigkeit: statt der Einwürfe machten sie Vorwürfe. Erst in der allerneuesten Zeit haben einige Erklärer sich einer von Lachmann, wie es scheint, empfohlenen Aenderung zugewandt, die, wie wir sogleich sehen werden, ebensowenig wie die Bentley'sche genügen will. Ich glaube, auf obige Argumentation gestützt die wirkliche Hand des Dichters herstellen zu können. Mit Recht nahm Bentley zunächst an timuitque mortem Anstoss, nur übersah er den einen Grund, aus dem es sich am meisten als falsch erweist: nemlich die aufgehobene rhythmische Verknüpfung der beiden Strophen, die er selbst im richtigen Gefühle wieder herzustellen suchte. Haupt hat nach einer bei David Iani II, p. 85 sich findenden Vermuthung (nicht *ex emendatione Lachmanni,* wie Meineke und Linker annehmen) für inscius oder aptius vielmehr anxius aufgenommen, so dass die ganze Stelle nun lautet:

qui perfidis se credidit hostibus,
et Marte Poenos proteret altero
qui lora restrictis lacertis
sensit iners timuitque mortem.

hic unde vitam sumeret anxius
pacem duello miscuit.

Ich wage es, die Behauptung aufzustellen, dass selbst, wenn **anxius** nicht Conjectur, sondern die allein überlieferte Lesart aller Handschriften wäre und wir auch die Gründe nicht gelten lassen wollten, welche Bentley richtig gegen **timuitque mortem** und gegen **hic** vorgebracht, dass selbst dann noch bei **diesem** Gedankenzusammenhange in dem Punktum hinter **mortem** Grund genug zu der Annahme läge, dass die Ueberlieferung gefälscht sei. Ich kann auf den Beweis dieser Behauptung nicht weiter eingehen, aber die Herstellung des Ganzen wird sie rechtfertigen. In **timuitque mortem** erkenne ich zunächst eine Glosse, die in den Text gerieth; Horaz schrieb nemlich: **trepidusque vitae**. Conf. Silius Ital. Punic. XII, 12:

> *desolata metu cuncta et suadente pavore*
> *vallo se clausere simul, trepidique salutis*
> *expectant ipsis metuentes moenibus hostem.*

Wer bang um sein Leben ist, **fürchtet den Tod**: die Glosse **timuitque mortem** gerieth in den Text und veranlasste zugleich eine Aenderung im folgenden Verse. Horaz kann nur geschrieben haben:

> **trepidusque vitae**
> **hinc** *unde* **mortem** *sumeret aptius.*

Die Erklärer aber versuchten, nachdem die Glosse in den Text gerathen und wahrscheinlich auch **hic** statt **hinc** geschrieben war:

> *timuitque mortem*
> $\overline{\text{vitam}}$ inscias
> *hic unde mortem sumeret aptius*

Für **vitam** entschied man sich sofort, eben weil **unde mortem** sumeret neben timuitque **mortem** sinnlos war. Dagegen **aptius** wurde erträglich gefunden von solchen, die entweder **hinc** noch kannten (es findet sich überliefert Sax. Venet. 1590) oder **hic =** in **bello** (wie der Scholiast Acro will) nahmen. Sie interpungirten vielleicht sogar

> *timuitque mortem*
> *hinc unde vitam sumeret aptius:*
> *pacem duello miscuit;*

wodurch natürlich, abgesehen von dem unerklärlichen unde **vitam** sumeret **aptius**, ebenso wie durch pacem et duello miscuit die Kraft des Gedankens gebrochen wird. Einige mögen auch nach mortem ein Punctum gesetzt, hic nicht adverbial, sondern = der da (wie Ritter) genommen und doch unde vitam sumeret aptius beibehalten haben, mit der Erklärung vielleicht, die neuerdings Nauck (unde = ut inde: um daraus oder dadurch, nemlich sua pace duello publico mixta, das Leben passender zu gewinnen) vorgeschlagen hat. Die Mehrzahl der Erklärer aber, und zwar der verständigsten, wie die Ueberlieferung zeigt, sah sich genöthigt auch inscius aufzunehmen. Sie schrieben:

timuitque mortem.

hic unde vitam sumeret inscius
pacem duello miscuit;

ohne zu fühlen, dass auch hier wieder, abgesehen von dem durch Bentley wiederlegten h i c, die Aufhebung der grammatischen Verkettung beider Strophen unerträglich wird.

Am glücklichsten war Bentley offenbar eben in der Wiederherstellung des **hinc** unde, worüber Sanadon schon richtig urtheilte: *si l'autorité n'est point pour hinc, il est d'ailleurs suffisamment appuyé par la raison.* Aber freilich ist die von Bentley aufgestellte und auch von Sanadon festgehaltene Umschreibung *(qui a craint de perdre la vie par les moyens, qu'il pouvait employer pour se l'assurer avec honneur)* nicht genau. Sie konnte nicht genau sein, weil des Fehlerhaften noch gar zu viel in der Stelle zurückgeblieben war. Zunächst musste, wie ich gethan habe, das völlig verkehrte unde vitam sumeret aptius aufgehoben sein, sollte Licht auf die Bedeutung dieser Worte fallen. Man muss in trepidusque vitae hinc unde mortem sumeret aptius, hinc unde = ab iis, a quibus fassen, ebenso wie auch in der angeführten Stelle III, 11, 38: *unde non times* = a quibus und Terent. Ad. III, 3, 7: *hinc scibo jam, ubi siet* = ab hoc auctore zu erklären ist. Der Dichter sagt wörtlich: und Pöner drängt im anderen Kampfe zurück, wer feig den Strick am Arme gefühlt, und bang um sein Leben vor denen, durch die er lieber sterben wollen musste, Krieg und Frieden vermengte. Man merke wohl, dass hinc (denn gegen unde = a quibus sumeret wird selbst Lübker, der an der Bentley'schen Erklärung mit Recht Anstoss nahm, nichts einzuwenden haben) sich durch trepidus vitae metu ab iis erklärt, etwa wie Liv. II, 24 *curia trepida ancipiti metu et ab cive et ab hoste* schreibt. Die ganze Stelle lautet nach meiner Herstellung:

si pugnat extricata densis
cerva plagis; erit ille fortis

qui perfidis se credidit hostibus;
et Marte Poenos proteret altero
qui lora restrictis lacertis
sensit iners **trepidusque** *vitae*

hinc *unde* **mortem** *sumeret* **aptius**
pacem duello miscuit. o pudor,
o magna Carthago, probrosis
altior Italiae ruinis!

Der Gedanke selbst geht von der echt römischen Vorstellung aus: der Krieger darf nicht bange sein um sein Leben, am allerwenigsten da, wo die Hoffnung zum Siege verloren ist; er muss dann erst recht lieber sterben als leben wollen, denn clarae mortes pro patria oppetitae und ausserdem una salus victis nullam sperare salutem. Iustinus XX, 3 erzählt ein schönes Beispiel dazu von den Lokrern: *omissa spe victoriae in destinatam mortem* (conf. Horat. IV, 14, 18 *devota morti pectora liberae) conspirant tantusque ardor ex desperatione singulos cepit, ut victores se putarent, si non inulti morerentur. Sed dum mori honeste quaerunt, feliciter vicerunt nec alia caussa victoriae fuit, quam quod desperaverunt.* Auch Velleius II, 85 kann verglichen werden: *desperata victoria in mortem dimicabatur. Caesar, quos ferro poterat interimere, verbis mulcere cupiens clamitansque et ostendens fugisse Antonium, quaerebat, pro quo et cum quo pugnarent, at illi cum diu pro absente dimicassent duce, aegre summissis armis cessere victoriam, citiusque vitam veniamque Caesar promisit, quam illis ut ea precarentur persuasum est.* Jetzt erklären sich die Worte pacem duello miscuit, die in der Alterthümlichkeit des Ausdruckes zugleich an die Strenge der alten Römergesinnung erinnern: wer in der Uebergabe Rettung hoffen konnte und um sein Leben bangte, dort wo er sich lieber den Tod hätte wählen müssen, der kennt nicht die Losung der Schlacht, entweder Sieg oder Tod, er vermengte Krieg und Frieden. Das haben römische Soldaten den Carthagern gegenüber gethan! „O Schmach und Schande! O du hohe Stadt Carthago, höher noch geworden durch den schimpflichen Hinsturz Italiens!"

Vielleicht kannte der Scholiast noch die richtige Ueberlieferung, der oben zu hoc caverat mens provida Reguli die Bemerkung machte, *i. e. hoc providerat ne quis vitam ex captivitate speraret, sed potius pro libertate moreretur*, offenbar = ne quis desperata victoria trepidus vitae esset, sed potius mortem sumeret ab hostibus.

Uebrigens darf niemand glauben, dass sich das Verderbniss der Stelle durch eine geringere Aenderung heben lässt, etwa wenn man schriebe:

> *timidusque mortis*
> *hinc unde vitam sumeret optius,*
> *pacem duello miscuit.*

Diesen Gedanken habe ich selbst vorübergehend gehabt, bis tiefere Untersuchungen mich, wie ich meine, zum Richtigen geführt haben. Auch Heimsoeth, der mit seltenem Scharfsinn die Wege unrichtiger Ueberlieferungen aufzudecken versteht, hat, was ich nachträglich bemerken will, gelegentlich seiner Aeschyleischen Untersuchungen (die Wiederherstellung der Dramen des Aeschylus p. 65.), auf ähnliche Weise zu helfen gesucht: er schlägt nemlich vor:

> **metuens**que *mortem*
> *hinc unde vitam* **sumserat** *aptius,*
> *pacem duello miscuit.*

In dieser Schreibung liegt allerdings ein Fortschritt über Bentley hinaus und **timidusque mortis** (conf. a. p. 28 *timidusque procellae*) oder auch **trepidansque , mortem** (denn **trepidusque mortis** oder **morte** passt nicht für Horaz) wäre wieder besser, als **metuensque mortem**, aber das richtige trifft, wie ich glaube, nur **trepidusque vitae** mit der entsprechenden Aenderung **hinc unde mortem** sumeret aptius. Uebrigens liegt, um das beiläufig zu bemerken, in der Nebeneinanderstellung von **iners** und **trepidusque** ein Indizium der gelungenen Herstellung. Dass eben trepidare hier der geforderte Begriff ist, wird das Lexicon zeigen können; für die Verbindung von iners und trepidus (oder trepidare) finden sich ebendaselbst zahlreiche Belege, z. B. Ovid. metam. XIII, 72:

> *conclamat socios, adsum videoque trementem*
> *pallentemque metu et trepidantem morte futura,*
> *opposui molem clipei texique iacentem,*
> *servavique animam (minimum est hoc laudis) inertem.*

Selbst Stat. Theb. I, 639 passt: *non tu pia degener arma occulis, aut certae trepidas occurrere morti.* Ein Irrthum ist es von Heimsoeth, für den er sich nicht auf den Scholiasten hätte berufen sollen, dass

sumeret in unserem Satze nicht ausreiche: denn unde mortem sumeret aptius, wo er lieber den Tod wählen musste = hätte wählen
müssen (wie 1, 2, 22: *quo graves Persae melius perirent*, umka-
men = umgekommen wären, oder III, 14, 27: *non ego hoc ferrem =
non tulissem*, oder IV, 6, 13—16: *ille non — falleret = non fefelisset*),
erklärt sich aus der bekannten Enallage imperfecti pro plusquamper-
fecto (vergl. Jahn's Jahrb. 1829, Heft 10 p. 212, wo sich eine Abhandlung von Etzler über diesen Punkt findet) und kann durchaus nicht
beanstandet werden. Dagegen könnte sumserat, wie Heimsoeth will, an
dieser Stelle vielleicht nicht einmal stehen. Ueber die Schwierigkeit einer
richtigen Erklärung für hinc unde vitam sumeret aptius, die in der
Bentley-Heimsoeth'schen Fassung offener hervortritt, glaube ich nichts
hinzufügen zu müssen: schon Lübker (Comm. p. 384 — die ebenda
citirte Abhandlung von Groebel kenne ich nicht —) hat einige zutref-
fende Bemerkungen gemacht. Der Gedanke: „und Pöner malmt im
anderen Kampfe, wer feig den Strick am Arme gefühlt und vor dem
Tode bange dort, wo er besser das Leben hätte gewinnen sollen,
Krieg und Frieden vermengte", = und vor seinem Untergange bange
dort, wo er besser seine Rettung hätte nehmen sollen, ist nicht
allein im höchsten Grade matt, sondern der Dichter macht auch (wie
schon Lübker bemerkte) in seiner Gedankenreihe einen unverzeihlichen
Sprung, von der Ergebung in den Schutz des Feindes, und von der
Fesselung darnach zurück zum Beweggrunde der Uebergabe im Kampfe.
Ausserdem ist sumere nicht das rechte Wort, man erwartet quaerere: denn wer erträgt: vitam (natürlich das physische Leben,
was Lübker nicht versteht, weil er das Citat bei Bentley Vell. I, 2
übersehen) sumere pugnando oder armis? Richtig und passend dagegen
ist mortem sumere ab hostibus. Auch gegen hinc unde, wozu nicht
einmal Bentley eine feste Erklärung zu geben wusste (*hinc = a pugna,
ferro, manu, unde viri fortes aptius vitam quaerunt, quam deditione
aut fuga*, und Sanadon's Umschreibung dazu: *qui a craint de perdre la vie par les moyens, qu'il pourait employer pour se l'assurer
avec honneur*, welche die Geringfügigkeit des Gedankens ganz offen ver-
räth), lässt sich noch manches erinnern. Und der gewaltige Ausdruck
pacem duello miscuit mit den schwächlichen Worten begründet:
wer bange vor dem Tode war, wo (man fühlt, dass hinc eigentlich
überflüssig ist) er lieber auf seine Rettung hätte bedacht sein sollen!
Wie ganz anders wirkt der Gedanke: wer um sein Leben bangte vor
(= Rettung suchte bei) denen, wovon (nachdrucksvoll hinc unde =

ab hostibus) er lieber den Tod sich hätte wählen müssen. Ueber hinc vergl. noch Holtze synt. prisc. script. lat. I p. 63. f. *(interdum hinc ad personam refertur, et homo intelligitur, a quo aliquid sumitur, aut a quo aliquid exit)* und über unde = a quibus, ibid. p. 58. Endlich aptius = tempestivius (conf. Horat. IV, 1, 9: *tempestivius in domum — comissabere Maximi,* und Cic. Tusc. I, 45, 109: *multa mihi ipsi ad mortem tempestiva fuerunt)* spricht nur für unde mortem sumeret. Die Glosse timuitque mortem für trepidusque vitae ist es, die eine so grosse Störung in unserem Gedichte verursachte.

Eine Glosse steht auch im Text: III, 14, 11:

> *vos, o pueri et puellae*
> *iam virum expertae,* **male** *ominatis*
> *parcite verbis.*

Die fehlerhafte Ueberlieferung dieser Stelle wurde früh bemerkt, aber das Bestreben der Kritiker ging nur darauf hinaus, die **metrische** Schwierigkeit zu beseitigen; dass die Worte **male ominatis** in in dieser Verbindung an und für sich unmöglich sind und nicht vom Dichter herrühren können, scheint niemand ernstlich bedacht zu haben. Bentley schrieb mit falscher Bezugnahme auf epod. XVI, 38 male inominatis, eine Correctur, worüber Cuningam bereits mit gerechter Schärfe urtheilte. Wir wollen die Stelle ganz folgen lassen, weil sonderbarer Weise der Bentley'sche Vorschlag den Beifall guter Herausgeber gefunden hat. *Quid? cum male inominatis hoc loco,* heisst es Animadvers. p. 189, *aliud non significet quam valde inominatis (nam tute ipse fateris male hic augere significationem) hanc emendationem inominatis nonne ipsa huius formulae natura atque usus omnium auctorum refellunt? certe ex Brissonii lib. I. de formulis constat, huius formulae verba solemnia esse haec vel similia: favete linguis, ore favete, animis linguisque favete, bona verba dicite, et mente et voce favete. Iam si male inominatis verbis parcite, denotat valde inominatis, haec vero formula potius exposcit verba optimi ominis, certe nihil, quod alienius a mente et manu Horatii esset, excogitari potuit quam hoc, quod tu adfirmas a manu Horatii profectum esse, inominatis. Gravissimi autem huius erroris causam invenire difficile non est; nimirum cum memoria repeteres Horatium epod. XVI scripsisse inominata perprimat cubilia ex perversa consuetudine locos ex locis corrigendi in hoc versu inominatis eum quoque scripsisse locis inter se non comparatis inconsiderate iudicasti.* Peerlkamp bemerkte

einfach: *error in re metrica, vix probabili coniectura tollendus*, natürlich, um einen Grund mehr zu haben für die Verwerfung des ganzen
Gedichtes. Aber m a l e war ursprünglich nur erklärende Beischrift
zu om**i**natis (im Gegensatze zu b e n e ominatis). Durch ihr Herunter-
steigen in den Text wurde ein Wörtchen verdrängt, was den Erklärern unnöthig oder auch ungewöhnlich zu sein schien. Horaz kann
nur gesagt haben:

> *vos, o pueri et puellae*
> *iam virum expertae,* **procul** *ominatis*
> *parcite verbis.*

parcite = *abstinete*, wie Liv. XXV, 25: *precantes ut a caedibus et ab*
incendiis parceretur. Dabei verbindet sich procul aufs engste mit dem
Ganzen, eigentlich = *procul ab ominatis parcite verbis*, wie Curt. VI, 7
animus tanto facinore p r o c u l abhorrens = *procul a tanto facinore ab-*
horrens. An unserer Stelle gewinnt procul noch eine besonders wirk-
same Bedeutung dadurch, dass procul este profani die bekannte Formel ist, deren sich der Priester zur Abwehr der Ungeweihten be-
diente: Virg. VI, 258 *procul o procul este profani*, wozu die Parodie
bei Ovid. amor. II, 1, 3:

> *hoc quoque iussit amor, procul hinc, procul este severi.*
> *non estis teneris apta theatra modis;*

und metam. XV, 587: *procul ah procul omina, dixit, talia di pellant*;
ebenso Mart. XIV, 164: *este procul pueri.* Man wird übrigens das ein-
gesetzte procul grammatisch vielleicht noch besser verstehen, wenn
man p r o c u l ominatis parcite verbis fasst = p r o c u l ominata a m o -
v e t e verba = p r o c u l ominata a b s t i n e t e verba = p r o c u l ominata p a r c i t e verba, nach altem Sprachgebrauch. Mit p a r c i t e verbis kann noch verglichen werden Prop. V, 9, 53:

> *parce oculis, hospes, lucoque abscede verendo,*

und Tibull. I, 2, 34: *p a r c i t e luminibus* in der Bedeutung = *avertite*
oculos.

Die Variante n o m i n a t i s ist ganz gewöhnliche Verwechselung
mit o m i n a t i s; so findet sich neben o m i n i b u s, wo es vorkommt,
gewöhnlich auch in einigen Handschriften der Schreibfehler n o m i -
n i b u s. Unglaublich ist es, dass Ritter früheren Erklärern folgend
hier nominatis und I, 35, 17 serva für richtig halten konnte! Uebrigens hat auch Bentley diese Stelle sehr unrichtig behandelt; statt
des einfachen pueri n u p t a e q u e puellae (wie Virg. Georg. IV, 476

umgekehrt pueri innuptaeque puellae sagt) tritt der breitere Ausdruck iam virum expertae correspondirend mit nuper sospitum ein. Und zwar sind die pueri et puellae identisch 'mit den vorhergenannten iuvenes (den zurückgekehrten Kriegern) und den virgines (ihren daheimgebliebenen Frauen). Nur diejenigen Personen werden eingeführt, die ein wirkliches Interesse haben, für die glückliche Wiederkehr des Augustus den Göttern dankbar zu sein: Livia die Gemahlin und Octavia die Schwester des Kaisers, dann die Mütter der heimgekehrten Krieger und die ihrer Frauen, endlich diese Krieger und diese Frauen selbst, die gleichsam das Publicum bilden bei der von den Müttern (natürlich muss man sich diese nur in gewählter Anzahl vertreten denken) veranstalteten Opferfeierlichkeit, an deren Spitze Livia und Octavia standen. Knaben und Mägdlein (non virum expertae wollte Bentley schreiben) sind hier ebenso unnöthig als verkehrt.

Die Worte procul ominatis parcite verbis sind offenbar nichts weiter als eine andere Wendung für das bekannte favete linguis = εὐφημεῖτε. Ebenso bei den Indern, Sâma-Veda I, 4, 2 p. 230: „fern sei jedes wilde Wort." Horaz selbst bestätigt, wie ich nachträglich gesehen, die gemachte Aenderung. In der achten Ode des dritten Buches schreibt er:

> sume, Maecenas, cyathos amici
> sospitis centum, et vigiles lucernas
> perfer in lucem; procul omnis esto
> clamor et ira.

Diese achte Ode aber ist gleichsam eine Parodie zum vorliegenden Gedichte und mit diesem dem Inhalte und der Form nach gleichartig. Dort wie hier ein Dankopfer für geschehene Rettung (III, 14, 9: iuvenumque nuper sospitum und III, 8, 14: amici sospitis); dort wie hier die gleiche Wendung: hic dies vere mihi festus atras eximet curas III, 14, 13 und III, 8, 9: hic dies anno redeunte festus corticem dimovebit; und für procul ominatis parcite verbis dort parodisch: procul omnis esto clamor et ira. Ebenso übereinstimmend ist die Form (gleiche Strophenzahl) beider Gedichte, worüber der Leser selbst eine Vergleichung anstellen mag. Schade, dass Herrn Gruppe diese Beobachtung entgangen ist: er hätte seinem Minos über dieses Gedicht, das er, wenn ich mich recht erinnere, gar nicht berührt, einen gewichtigen Ausspruch mehr in den Mund legen können. Doch procul omnis esto clamor et — risus!

Die zweite Strophe unserer Ode muss lauten:

> **unice** *gaudens mulier marito*
> *prodeat* **castis** *operata* **divis,**
> *et soror clari ducis et decorae*
> *supplice vitta*
>
> *virginum matres iuvenumque nuper*
> *sospitum.*

Mit der Schreibung c a s t i s operata d i v i s glaube ich einen alten Fehler beseitigt zu haben. Die Handschriften bieten nemlich zum Theil i u s t i s operata s a c r i s, zum Theil auch i u s t i s operata s a - c r i s. Die Herausgeber haben sich längst dahin entschieden, dass i u s t i s operata d i v i s (eine Lesart, die beiläufig gesagt von den Scholien anerkannt ist) durchaus keinen Sinn giebt, und haben deshalb jetzt, bis auf Haupt, allgemein i u s t i s operata s a c r i s aufgenommen. Dazu aber bemerkte schon Bentley: *sed quid sodes erit iustis sacris? an legitimis et ut modo Livius* (1, 31) *rite initis et curatis? Non video, quid aliud denotare possit, et tamen friget admodum sententia. Nullum enim periculum erat, ne sacris aut lege vetitis aut contra caeremonias factis operaretur Livia.* Soweit Bentley, der, obgleich er auf dem Wege zum richtigen war, dennoch doppelt irrte. Er fährt nemlich fort: *quamobrem, si retinendum erit illud sacris, sic potius levi mutatione locum constituerim:*

> *prodeat* **castis** *operata sacris,*

und erklärt überdies operata unrichtig: quae toto absentiae eius tempore castis sacris operata est, anstatt das Wort in präsentiver Bedeutung zu fassen: operari = ein Werk zu treiben beginnen, sich in Thätigkeit setzen, daher o p e r a t a = beschäftigt. Uebrigens vergleiche Pseudo-Virg. Ciris 142: *violaverat inscia sedem, dum sacris operata deae lascivit.* Die Lesart sacris, die Bentley irrthümlich beibehielt, ist nichts weiter als eine für das ursprüngliche

> *iustis operata divis*

eingetretene Correctur. Die Erklärer stiessen sich an dieser halbverdorbenen Stelle ebenso wie unsere Ausleger und geriethen auf den zunächstliegenden Gedanken, statt divis vielmehr das gewöhnliche sacris, was mit iustis besser zu stimmen schien, einzusetzen (iustis operata sacris = vollgültige Opfer verrichtend), aber der Fehler steckte in iustis, und Horaz hatte eben, wie wir annehmen müssen,

castis *operata divis*

geschrieben, im engsten Anschlusse an **unice** (was Cuningam mit
Recht für das handschriftliche **unico** in den Text aufgenommen hat)
gaudens mulier marito, mit welchen Worten zugleich ein feines Lob
der züchtigen Gattin ausgesprochen ist, wie schon der Scholiast richtig
bemerkte: *Liviam dicit sub castitatis laude votum pro Caesaris reditu
soluturam.* Mit dem hergestellten Ausdrucke vergl. Ovid. amor. III, 6:

> a tenera quisquam sic surgit mane puella,
>   protinus ut **castos** possit adire **deos**?

Die **casti divi** sind nicht nur selbst rein und lauter, sondern weh-
ren auch jeder Unlauterkeit. Darum lautete die alte Sacralvorschrift:
**ad divos adeunto caste, pietatem adhibento, opes amo-
vento.** Der letzte Gedanke klingt wieder in decorae supplice vitta
matres. Ausserdem conf. Cic. de nat. deor. II, 28, 71: *cultus autem
deorum est optimus idemque* **castissimus** *atque sanctissimus plenis-
simusque pietatis.*

Aus den angeführten Stellen geht zur Genüge hervor, dass man
sich hüten muss, den Begriff der Reinheit so eng zu fasssen, wie
Bentley („**castis** autem **sacris**, quia Liviam pudicitiae gloria cele-
brem omnis historia tradit") gethan hat: **castus** steht ebenso wie
incestus häufig in **religiöser** Bedeutung. Vergl. noch Liv. I, 45:
quidnam tu hospes paras **incesto** *sacrificium Dianae facere? quin tu
ante vivo perfunderis flumine?* Und weiter unten dann: *religione tactus
hospes, qui omnia, ut prodigio responderet eventus, cuperet* **rite facta**,
ex templo descendit ad Tiberim. Auch Osenbrüggen zu Cic. pro Mil. p.
68. Die Lesart iustis ist wohl nur Schreibfehler: sie könnte aber
möglicher Weise auch durch Erklärung entstanden sein; etwa castis
= severis, iustis. Vergl. Priap. ed. Linden-Bruch. p. 21, eine Anspielung
auf die oben citirte Stelle aus Ovid:

> et si nocte fuit puella tecum,
>   hac re quod metuas adire non est.
>   istuc caelitibus datur **severis**.

Dass ich **unice** gaudens mulier marito aufgenommen, wird niemand
tadeln, der die Stelle richtig zu erwägen versteht. Ich bemerke nur
noch, dass der Ton gleichmässig auf unice und marito ruht. Dies
letzte Wort musste eben so wie mulier ohne Epitheton stehen. Die
bisherigen Erklärungen der Worte **unico** gaudens mulier marito
(entweder = uno contenta viro, oder = egregio beata viro) legen dem

Dichter Absurditäten in den Mund, die ebenso der Poesie als dem Anstande widersprechen. Wer wird z. B. einer Kaiserin sagen, dass sie einen vortrefflichen Mann besitze! Die adverbielle Fassung des Adjectivs unico gaudens marito = unice gaudens marito würde, wäre sie auch sprachlich möglich, doch nicht die Ueberlieferung schützen, weil Horaz schon, um die Zweideutigkeit zu vermeiden, anders schreiben musste. Ein ähnliches Verderbniss fand wahrscheinlich Statt I, 12, 45:

> *crescit* **occulte** *velut arbor aevo*
> *fama Marcelli;*

wo' occulto in allen Handschriften und Ausgaben steht. Die Abschreiber suchten ein Adjectiv zu dem hier adverbial gebrauchten aevo (= „immerdar") und verdarben den Sinn. Mit crescit occulte vergleiche Ovid. amor. I, 8, 43: *labitur occulte fallitque volubilis aetas.*

Schliesslich noch eine Bemerkung zu dem oben behandelten Gedichte. Der Gedanke ad divos adeunto caste, verbunden mit der Mahnung: vos, o pueri et puellae, procul ominatis parcite verbis, verfehlte nicht, auf den Dichter selbst einen tiefen Eindruck zu machen, und veranlasste ihn zu dem bemerkenswerthen Schlusse:

> *dic et argutae properet Neaerae*
> *murreum nodo cohibere crinem:*
> *si per invisum mora ianitorem*
> *fiet, abito.*

> *lenit albescens animos capillus*
> *litium et rixae cupidos protervae;*
> *non ego hoc ferrem calidus iuventa*
> *consule Planco.*

Nicht das bleichende Haar lässt den Dichter so genügsam sein: es ist vielmehr die Stimmung, in die ihn das Gedicht selbst versetzte, welche jedes ungestüme Verlangen schweigen hiess: aber der Mensch ist sonderbar genug, selbst für bessere Entschliessungen oft falsche Gründe anzugeben, um nur nicht schwach zu erscheinen!

Zaghafte Leser, denen ich durch zu gewaltsame Aenderungen den angemessenen Sinn herzustellen scheine, mögen ihr Urtheil zurückhalten, bis sie den ganzen Umfang der Verderbnisse überblickt haben. Dann aber treffe man seine Entscheidung: entweder war Horaz ein Dichter ohne Geschmack und Verstand, oder, und man wird sich zu dieser Annahme leichter und mit mehr Recht entschliessen, unsere Handschriften sind trotz ihrer Uebereinstimmung viel mannigfaltiger alterirt, als wir bisher anzunehmen gewohnt waren. Das siebente Gedicht im vierten Buche lautet:

DIFFUGERE nives, redeunt iam gramina campis arboribusque comae;

mutat terra vices, et decrescentia ripas
4 *flumina praetereunt;*

Gratia cum Nymphis geminisque sororibus audet ducere nuda choros.

immortalia ne speres monet annus et almum
8 *quae rapit hora diem.*

frigora mitescunt zephyris, ver proterit aestas interitura, simul

pomifer autumnus fruges effuderit, et mox
12 *bruma recurrit iners.*

DAMNA tamen celeres reparant caelestia lunae; nos ubi decidimus,

quo **pater** *Aeneas, quo Tullus* **dives** *et Ancus,*
16 *pulvis et umbra sumus.*

QUIS scit an adiciant hodiernae crastina summa tempora di superi?

cuncta manus avidas fugient heredis, amico
20 *quae dederis animo.*

cum semel occideris et de te splendida Minos fecerit arbitria,

non, Torquate, genus, non te facundia, non te
24 *restituet pietas.*

infernis neque enim tenebris Diana pudicum liberat Hippolytum,

nec Lethaea valet Theseus abrumpere caro
28 *vincula Pirithoo.*

Schon Bentley hat Anstoss genommen an **dives et Ancus,** neben welcher Lesart sich in' einigen Handschriften die Variante dives Tullus et Ancus findet. Er bemerkt: *illud demiror, quo nomine sive Tullum sive Ancum divitem appellaverit: quando uterque scriptoribus aliis inter antiquae paupertatis exempla memoretur*, und führt als Beleg an Iuven. Sat. V, 57:

> *flos Asiae ante ipsum, pretio maiore paratus,·*
> *quam fuit et Tulli census pugnacis et Anci,*

wo von einem schönen asiatischen Knaben die Rede ist, der mehr gekostet, als die beiden alten römischen Könige im Vermögen gehabt haben; und bestimmter noch Claudianus de bello Gildon. 110:

> *ipsa nocet moles, utinam remeare liceret*
> *ad veteres fines et moenia pauperis Anci.*

Im Vertrauen auf diese letzte Stelle versuchte Bentley den Vorschlag pauper et Ancus: ihm entging dabei, dass pauper hier keinen Sinn hat; *vel enim*, wie Peerlkamp richtig bemerkt, *homines, quorum exempla proponimus, nullo epitheto sunt insigniendi, vel eo quod indicat, nos putasse talem hominem mori non debuisse nec potuisse. Sic Lucret. III, 1083:*

> *lumina sis oculis etiam bonus Ancu' reliquit,*
> *qui melior multis quam tu fuit, improbe, rebus.*

Horat. I, 28. 7: occidit et Pelopis genitor, conviva deorum. Occiderunt Ancus et Tantalus, quamvis hic convivio deorum, ille virtutibus esset insignis. Iam Ancus dives occidit, est divitiae Ancum morte non potuerunt liberare. Sed de divitiis Anci nihil constat. Si constaret, ut de Croeso, lectionem non moverem. Nam rectum est: occidit et dives Croesus. Contra paupertas Anci a scriptoribus memoratur. Non tamen hinc emendemus pauper Ancus. Nempe facimus Horatium dicentem: Occidit et Ancus, quamvis esset pauper. Quasi quis unquam putasset, paupertatem esse debere auxilium contra mortem. Apparet, ni fallor, neque dives neque pauper ab Horatio scribi potuisse. So weit der scharfsinnige Peerlkamp, der aber, wie wir sehen werden, die Wahrheit nur zur Hälfte fand und darum nicht einmal, was freilich mehr seinen Lesern als ihm zur Last fällt, verstanden worden ist. Wir müssen noch weiter gehen und die Lesart quo pater Aeneas, neben der auch hier wieder die Variante quo pius Aeneas überliefert ist, gleichfalls für unrichtig erklären. Ueber pius urtheilte Bentley: *neque vero opus est, ut pius ideo assumatur, quo ostendat nec pietatem neque divitias adversus mortem valere. Eandem enim sententiam sine ullo epitheto posuit epist. I, 6, 27:*

> *ire tamen restat, Numa quo devenit et Ancus.*

Illud vero de pietate mox habemus versu 23:

> *non, Torquate, genus, non te facundia, non te*
> *restituet pietas.*

Quod et ipsum maximo est argumento, reiciendum esse pius, ne in tam brevi carmine bis eadem sententia putide repetatur.

Bentley gab darum der Lesart quo pater Aeneas den Vorzug: mag der pater Aeneas mehr als zwanzigmal bei Virgil vorkommen, an unserer Stelle ist er ebenso ungeschickt, als dives et Ancus verkehrt war. Ueberdies vermissen wir in dem Satze

> *nos ubi decidimus,*
> *quo pater Aeneas, quo Tullus dives et Ancus*

ein Verbum: wir aber sobald wir hinabgesunken, wohin Aeneas, wohin Tullus und Ancus — hinabsanken! Diese Ergänzung wäre bei einem Prosaiker unangemessen, weil das Verbum decidere begrifflich nicht für Aeneas, Tullus und Ancus passt, bei einem Dichter ist sie schlechterdings unmöglich; er muss, zumal nach dem doppelten quo, ein Verbum folgen lassen, soll der Satz nicht alle Wirksamkeit verlieren. Oben hiess es:

> *ire tamen restat, Numa quo devenit et Ancus,*

und hier schrieb der Dichter:

> *nos ubi decidimus,*
> *quo **prior** Aeneas, quo Tullus **abivit** et Ancus,*
> *pulvis et umbra sumus.*

pater entstand aus dem abgekürzten prior: pius aus der Glosse prius, oder es wurde der Concinnität wegen zu dives et Ancus conjicirt. Diesen letzten Schreibfehler verbesserte Peerlkamp schon: *ab et d in manuscriptis saepe permutantur, quia ductus litterarum sunt simillimi et facile coalescunt,* natürlich auch b und d, daraus erklärt sich v. 19 die Variante haerebit für haeredis, worauf Peerlkamp verkehrter Weise Gewicht legt. Zu prior vergleiche Liv. I, 34: *Arruns prior quam pater moritur,* und Phaed. IV, 19: *abiturus illuc, quo priores abierunt.* Uebersetze: „wir aber, sobald wir hinabgesunken, wo vor uns Aeneas, wo Tullus hinging und Ancus." Abire in hac re notum est verbum, bemerkt Peerlkamp und führt eine Reihe Beispiele an, ebenso ist die Form abivit für abiit fein und gewählt. Aehnlich findet sich Virg. Aen. VI, 802 obivit. Uebrigens bemerke man wohl, dass solche kleine Abweichungen von dem schulmässigen Ausdruck immerhin der möglichen Verschreibung zu gute gekommen sind.

Noch bleibt eine schwierige Stelle zurück:

damna tamen celeres reparant caelestia lunae.

Peerlkamp hat hier Anstoss genommen: *Dicunt interpretes: lunae re-ducunt anni tempora, quae perierunt. Sed tum Horatius scri-psisset terrestria damna, i. e. quae terra fert, nam caelestia non sunt, nisi quae ipsa Luna fert.* Diese und andere Schwierigkeiten glaubt der holländische Kritiker dadurch zu heben, dass er zu schreiben vorschlägt: *damna* **etiam** *celeres reparant caelestia lunae. Quo facto sententia carminis egregio ordine composita est. Ne spires immortalia. Mortalem te esse monent anni, menses, dies et horae celeriter praetereuntes. Vita quotidie minuitur, et quod amissum est nunquam recipies. Variae anni tempestates semper redeunt. Luna etiam occidit et redit. Nobis semel mortuis omnis spes adempta est.* Peerlkamp führt Parallelstellen für seine Meinung an z. B. Catull. V, 4:

soles occidere et redire possunt:
nobis, cum semel occidit brevis lux,
nox est perpetua una dormienda.

Auch Sanadon hatte schon eine Note hinzugefügt, die mit Peerlkamp vom Anfange her genau übereinstimmt. Er schrieb nemlich: *Horace appelle ici la vicissitude des saisons les pertes du ciel; et il semble qu'il auroit dû les appeler plutôt damna terrestria, les pertes de la terre, puisqu'il n'y a que nous qui perdons à ces changements. Mais c'est un langage figuré et poëtique, où la cause est prise pour le sujet; et damna caelestia ne signifie autre chose, que damna quae oriuntur a caelo, les pertes que le ciel nous cause, en nous enlevant successivement les plus belles saisons par le mouvement du soleil, qui roule sur nos têtes.*

Sanadon nahm also eigentlich denselben Anstoss an damna cae-lestia, obwohl er am Ende wieder zu der alten schon von Lambin festgehaltenen Erklärung zurückgeht: *attamen damna temporum re-parant lunae.* Gegen diese Auffassung richtet sich zunächst die Note Peerlkamp's: er fügte mit Recht hinzu, dass damna caelestia in dem Sinne von damna temporum zu nehmen darum unmöglich ist, *quia Romani lunam damna reparantem, magis etiam damna caele-stia, nunquam aliter nisi de damnis ipsius Lunae acciperent.* Und unsere Erklärer beziehen wirklich jetzt insgesammt damna caelestia auf die damna ipsius lunae (= decrescentia caelo cornua), ohne jedoch für den Sinn und Zusammenhang der ganzen Stelle eine bestimmte Erklärung zu bieten. Dass beide aber nicht ohne Schwierigkeit sind, können folgende Auffassungen beweisen. Lachmann bemerkte: „*damna i. e.*

sua. Das tamen ist ein wenig ungenau: es geht eigentlich auch auf die Jahreszeiten. Aber Peerlkamp's *etiam* schliesst sich nicht recht natürlich an." Die Erklärung stimmt nicht g a n z mit dem, was bei Orelli gesagt wird: *luna q u o q u e descrescendo quasi d a m n a accipit, quae t a m e n semper reparantur. Qui proposuit etiam pro t a m e n, sententiarum nexum non satis perspexit.*

In der That bedürfen wir keiner Aenderung, aber freilich können nen wir uns weder mit dem von Lachmann ausgesprochenen Tadel noch mit dieser gewundenen Umschreibung von Orelli (= a u c h der Mond nimmt ab, d o c h er nimmt immer wieder zu) begnügen. Horaz selbst musste zum Zeugen der richtigen Ueberlieferung und Erklärung angerufen werden, und zwar in einer Stelle, die zufällig, von allen Interpreten, so viel ich weiss, übersehen ist, nemlich **II, 18, 11**:

nihil supra

deos lacesso nec potentem amicum
largiora flagito,
satis beatus unicis Sabinis.
t r u d i t u r d i e s d i e,
n o v a e q u e p e r g u n t i n t e r i r e l u n a e.
tu secanda marmora
locas sub ipsum funus et s e p u l c r i
i m m e m o r struis domos.

Mit dieser Stelle stimmt genau die unserige überein, dort heisst es:

Rasch verdrängt der Tag den Tag,
Und immer gehn und kommen n e u d i e Monde;

und hier müssen wir übersetzen, um in den Sinn hinein zu kommen:

Rasch verdrängt eine Jahreszeit die andere;
Doch schnell gehen und k o m m e n n e u die Monde,

d. h. doch der Kreislauf des Jahres erneuert sich wieder durch die schnell sich folgenden Monate. Auf r e p a r a n t fällt der volle Ton, und t a m e n ist ganz und gar genau, denn in b e i d e n Stellen steht lunae eigentlich = menses: diese Metonymie, die den ganzen Ausdruck färbt, hat die Stelle schwierig gemacht. Alle Zeitabschnitte hat der Dichter hervorgehoben: a n n u s, h o r a, d i e s, dann die rasche Folge der J a h r e s z e i t e n selbst in lieblicher Schilderung und endlich die schnellen M o n d e, die den Kreislauf des Jahres beständig erneuern. Conf. **IV, 6, 37**:

rite crescentem face Noctilucam,
prosperam frugum celeremque pronos
volvere menses.

Diese kleine Abschweifung führt uns noch auf eine andere Bemerkung. Es ist wichtig für die Kritik, Gedichte von gleichem Tone
und aus gleicher Stimmung unter sich zu vergleichen. Schon oben
machten wir auf IV, 5 und IV, 15, ebenso auf III, 14 und III, 8 auf-
merksam. Hier erinnert sich der Leser von selbst an I, 4. Wir lassen
dies Gedicht folgen, um einige Bemerkungen daran zu knüpfen:

SOLVITUR acris hiems grata vice veris et favoni,
trahuntque siccas machinae carinas,

ac neque iam stabulis gaudet pecus aut arator igni,
4 *nec prata canis albicant pruinis.*

iam Cytherea choros ducit Venus inminente luna,
iunctaeque Nymphis Gratiae decentes

alterno terram quatiunt pede, dum gravis Cyclopum
8 *Volcanus ardens urit officinas.*

NUNC decet aut viridi nitidum caput impedire myrto,
aut flore, terrae quem ferunt solutae:

nunc et in umbrosis Fauno decet immolare lucis,
12 *seu poscat agna sive malit haedo.*

PALLIDA Mors aequo pulsat pede pauperum tabernas
regumque turres: o beate Sesti,

vitae summa brevis spem nos vetat inchoare longam.
16 *iam te premet nox, fabulaeque manes,*

et domus exilis Plutonia; quo simul mearis,
nec regna vini sortiere talis,

nec tenerum Lycidan mirabere, quo calet iuventus
20 *nunc omnis et mox virgines tepebunt.*

Man beobachte zunächst den streng symmetrischen Bau beider Gedichte, den ich schon durch den Druck anzudeuten versucht habe.
In IV, 7 ist der Hauptgedanke durch zwei Strophen ausgedrückt,
die gleichmässig von sechs Strophen umschlossen sind, so zwar dass
diese sechs Strophen selbst wieder je in zwei aus drei Strophen

bestehende Hälften zerfallen. In I, 4 umfassen gleichfalls zwei Mittelstrophen den Grundgedanken: die geringere Entfaltung des Gedankens aber beschränkte den Anfang und das Ende auf je vier Strophen, die wiederum in je zwei Hälften zerlegbar sind, nur dass am Ende dieser Abschnitt sich weniger bestimmt geltend macht. Der verschiedene Grundgedanke hat, wie man sich leicht überzeugen wird, den wechselnden Schluss hervorgerufen. Die Theilbarkeit beider Gedichte durch vier ist zufällig: eine Abtheilung in vierzeilige Strophen, wie sie Lachmann und Meineke versucht haben, erweist sich durch die dargelegte Gliederung bei IV,,7 als unmöglich und bei I, 4 als unnöthig. Ferner folgt aus dieser Betrachtung noch, dass der Einfall von Peerlkamp, in I, 4 den zweiten und dritten Vers zu streichen, der an und für sich haltlos war, nun greifbar unrichtig ist. Hier lässt sich nichts wegnehmen, noch weniger aber liess sich etwas zusetzen. Und mit Bezug auf solche Gedichte wenigstens hat Ritter vollkommen Recht, wenn er sagt: in tanta elegantia et brevitate clavam Herculi extorquere facilius est quam interponere versiculum, qui ceteros fallere possit.

Für Liebhaber beschreibender Poesie dürfte es von Interesse sein, mit unserem Dichter die Schilderung der vier Jahreszeiten bei Manilius im astronomicon (ed. Jacob. III, 618) zu vergleichen, die hie und da leise an Horaz zu erinnern scheint: z. B. an den Anfang von I, 4 und besonders auch an den Inhalt der von Peerlkamp so leichtfertig beanstandeten Verse; 624: *inducuntque novas operum rerumque figuras.* Mit *Gratia cum Nymphis geminisque sororibus audet ducere nuda choros* lässt sich vergleichen 653: *et varios audet flores emittere tellus,* und *mutat terra vices* mit 649: *convertitque vices.* Endlich kehrt 637: *brumam inertem* wieder und *invicemque nunc damna legit, nunc tempora supplet.*

Gehen wir nun dazu über, einige Bemerkungen zur Kritik zu machen. Bentley konnte nicht glauben, dass Horaz I, 4, 8 neben ardens urit (= „glühend entflammt") geschrieben habe, und gab darum der Variante visit mit Rutgersius den Vorzug; gewiss mit Unrecht, wie auch Sanadon meint. Aber wahrscheinlicher Weise ist die Stelle doch beschädigt und Horaz hat nicht urit, noch weniger urguet geschrieben, wie Scaliger vorschlägt und Gruppe von neuem empfiehlt, sondern ganz schlicht und einfach:

dum gravis Cyclopum
Volcanus ardens **curat** *officinas,*

= „eifrig besorgt." Schon Peerlkamp bemerkte zu der Stelle: *lepo-rem, qui est in absentia boni mariti, imitatus est Valerius Cato in Diris 169: et dea clam tenera gavisa est ludere in herba. Tum, credo, fuerat Mavors distentus in armis; nam certe Vulcanus opus faciebat et illi tristi turpabat malas fuligine barba.* Freilich ist diese Herstellung zweifelhaft; aber alles erwogen, scheint sie mir wahrscheinlicher, als die Lesart urit.

Ebenso unsicher bleibt die schwierige Stelle   '

fabulaeque **manes.**

Die Lesart muss (man vergleiche die Nachahmung in dem Epigramm — freilich „epigramma sublestae admodum fidei," wie im Forcellini bemerkt ist — der Anthol. Burm. II p. 473.) unzweifelhaft sehr alt sein. In den Handschriften schon finden sich Versuche die Worte zu erklären oder zu bessern. Einige meinten: genitivus esse potest singularis pro plurali manes fabularum, quos fabulae narrant. Und Prudentius contra Symmachum I, 190 ahmte die Stelle in dieser Auffassung sogar nach:

· *quos fabula manes*

nobilitat, noster populus veneratus adorat.

Andere schrieben fabulaeque et manes, ähnlich wie ein Grammatiker IV, 4, 18 aus Verlegenheit et Vindelici änderte. Cuningam hat dieselbe Correctur in anderer Form wiederholt fabulaeque manesque, aber mit Recht keinen Beifall gefunden. Ausserdem hat man fabulaeque inanes gelesen. Muret macht dabei die Bemerkung: qui pro manes hoc loco legunt inanes, ipsi profecto sunt plane inanes. Aber gleichwohl ist der Vorschlag vor kurzem erneuert. Und in der That ist diese Schreibung nicht eben verkehrter als die allgemein recipirte Lesart fabulaeque manes. Ich will meine Ansicht über die Stelle, so gut ich kann, darlegen. Fabula ist in der Latinität theilweise ein synomymer Begriff mit umbra: beide werden in übertragener Bedeutung = manes gebraucht, wie schon aus der Stelle bei Persius V, 152 hervorgeht: *cinis et manes et fabula fies.* Die Geister der Unterwelt konnten „Schatten" genannt werden, weil sie tenues sine corpore vitae sind, wie Virgil sich ausdrückt, und sie werden ebenso fabulae genannt, weil fabula in erster Bedeutung zwar Gespräch bedeutet, in zweiter aber, entsprechend dem griechischen μῦθος, für eine Erzählung gesetzt wird, die keinen thatsächlich wahren, sondern nur einen fingirten Inhalt hat. Man sieht, dieselbe Betrachtung führte dazu, fabula und umbra auf manes zu übertragen. Wir haben in unserer Sprache kein entsprechendes Wort für fabula = manes und müssen in der Stelle des Persius übersetzen: Staub und Geist und Schatten (oder Schemen, nicht Märchen) wirst du sein. Prüfen wir nun den Ausdruck fabulaeque manes. Zunächst könnte fabula eigentlich gebraucht sein und zwar natürlich nur in der zweiten Bedeutung = Erzählung mit fingirtem Inhalte, Dichtung, Gerede, und fabulae manes müsste dann, indem man fabulae appositionell fasst, übersetzt werden: Manen, die Dichtungen = eitles Gerede sind. Dann stände in der That fabulae grammatisch = fabulosi, nur dass der Ausdruck dem Sinne nach viel stärker würde (vergl. z. B. im Griechischen ὀλέθρῳ γυναικί und anderes mehr bei Bernhardy paralip. synt. graec. II, p. 57) und eine Erklärung = „de quibus poetae multa fingunt, die aber darum doch existiren können" (nach der Auffassung von Faber ad. Iust. Hist. II, 6 *fabulae manes = manes, qui fabulas habent admixtas*), unzulässig wäre. Aber zweitens könnte auch fabula, wie in der Stelle bei Persius, metaphorisch = umbra gesagt sein. Dann müssten wir fabulaeque manes übersetzen: Manen, die Schatten sind, etwa = Schattengeister. Mit dieser Auffassung würde die Erklärung derjenigen Interpreten übereinstimmen, die fabulae = inanes nehmen mit der bestimmten Beschränkung: *significat autem illud vocabulum inanitatem inferorum, apud quos qui sunt, iam nihil sunt nisi fabulae, corpore scilicet carentes.* Ebendenselben Sinn scheint das corrupte Scholion untergelegt zu haben, welches wir mit Hülfe des Commentator Cruquii dem Gedanken nach sicher so corrigiren dürfen: manes di boni dicebantur, unde et mane tractum putatur, quod mors aut certe somnium (oder somnus) potius (oder potior) quam vita putatur. Inferi qui sunt fabulosi, unde Virgilius (VI, 269):

> perque domos Ditis vacuas et inania regna.

Irrthümlich in der Auffassung des Scholiasten ist zunächst nur, dass er fabulaeque manes = umbraeque manes gefasst zu haben scheint und doch fabulae mit fabulosi erklärte. Dann würde man auch in der analogen Verbindung umbrae manes, umbrae mit umbrosi umschreiben können! Denselben Sinn übrigens würde endlich die Lesart fabulaeque inanes geben, die neben domus exilis noch bestimmter an die aus Virgil citirte Stelle erinnern könnte: fabulaeque inanes = umbrae inanes wäre genau = inania regna, weil bekanntlich umbrae Schattenreich bedeuten kann. Freilich bei fabulae inanes hätte der Dichter übersehen, dass durch das so gewählte Adjectiv ein schiefer Gedanke sich aufdrängen muss, eben weil fabula in der übertragenen Bedeutung = umbra weniger gebräuchlich ist: ein jeder Leser denkt unwillkührlich an „eitle Dichtungen." Was [Peerlkamp gegen die Erklärung fabulaeque manes = fabulosi manes geltend gemacht hat, findet auch hier wieder seine Anwendung: *omnis fabulosi cogitatio tam abhorret a loci indole, quam semper mortis timorem et tristitiam tollit. Et Horatius hic saltem putare debuit, sive serio sive ioco, manes et orcum esse aliquid, qui dicat: simul mearis ad domum Plutoniam, ibi non regna vini sortiere.* Ich kann mich nach alledem nicht entschliessen, eine dieser Lesarten ganz bestimmt für richtig zu halten. Weder fabulaeque manes (= Manen, die Dichtungen sind), noch fabulaeque inanes (= leeres Schattenreich) gefällt mir: das erste nicht, weil es ganz im Widerspruch mit der Poesie steht, das zweite nicht, weil der Ausdruck zu unbedachtsam wäre. Horaz konnte fehlgreifen und hat einigemal fehlgegriffen, z. B. I, 12:

> *Quem virum aut heroa lyra vel acri*
> *tibia sumis celebrare, Clio?*
> *quem deum? cuius recinet iocosa*
> *nomen imago?*

Wer fühlt nicht, dass an dieser Stelle das sonst gewöhnliche Epitheton zu imago nicht eben fein gewählt ist? Oder I, 1, 27:

> *seu visa est catulis cerva fidelibus,*

wo fidelis, das gewöhnliche Beiwort der Haushunde, keine passende Bezeichnung für Jagdhunde ist, wie Dacier und Sanadon zuerst (nicht Gruppe, der es Minos, p. 302 wiederholt) richtig bemerkt haben. Für Jagdhunde wäre sagacibus (conf. Manil. V, 710: *catulosque sagaces*) zutreffender gewesen. Selbst od. III, 4, 9: *fabulosae palumbes* hat man nicht mit Unrecht für einen (freilich vielleicht absichtlich gewählten, launigen) Missgriff gehalten. Ebenso könnte dem Dichter der nicht passende Ausdruck fabulaeque inanes entfallen sein. Aber ich halte, wie gesagt, keine der beiden Erklärungen für richtig, und auch der dritten, oben schon angedeuteten fabulaeque manes = Manen, die Schatten sind, kann ich nicht beipflichten: ich muss vielmehr mit Peerlkamp und mit Meineke, auf dessen Urtheil ich hier ein besonderes Gewicht lege, die Stelle für verderbt halten. In diesem Falle würde Horaz geschrieben haben:

> *iam te premet nox, fabulaeque mutae,*
> *et domus exilis Plutonia.*

4

Aus Virgil. Aen. VI, 264 sind uns umbrae silentes neben loca nocte
tacentia late und aus Prop. III, 5, 41 muti manes bekannt: im Saty-
ricon des Petronius p. 174 der gröss. Ausg. von Bücheler finde ich:

> quid factum est, quod tu proiectis, Iuppiter, armis
> · inter caelicolas fabula muta taces?

Wir gewinnen ein bestimmteres Zeugniss dafür, dass fabula = umbra = manes gebraucht wird, was Sanadon, der zu der Stelle von
Persius bemerkte: *quand Perse dit à Cornutus fies fabula, il en-
tend de te sermo tantum supererit*, vielleicht nicht bezweifeln
würde: manes könnte als Erklärung beigeschrieben und so in den
Text gekommen sein; bei Petronius findet sich im Codex B der An-
satz maita: sollte dies vielleicht auch dort ein Ineinanderfliessen der
Ueberschrift manes mit dem Texte muta sein, ähnlich wie Horaz
III, 14, 19:

> Spartacum si qua potuit vagantem
> fallere testa

bei Charisius mit vagacem citirt wird, was, wie schon Heimsoeth in
seiner Wiederherstellung des Aeschylus p. 110 bemerkt, eine Mischung
von vagantem und einer zweiten Lesart sagacem ist, die ein Grammatiker als vermeintliche Berichtigung dem fallere zulieb (etwa aus
II, 5, 22 mire sagaces falleret hospites) übergeschrieben hatte? mu
befindet sich nemlich in rasura, es scheint mai dagestanden zu haben, ebenso wie der Berner Codex Hor. epist. I, 10, 25 statt fastidia
vielmehr fastigia hat und zwar fa in rasura: es stand ursprünglich
die Variante vestigia, das in fastidia verändert werden sollte, wobei
aber doch das g stehen blieb. Wir gewinnen also wenigstens eine
circumstantielle Wahrscheinlichkeit für unsere Aenderung. Dass sie an
und für sich eine vortreffliche Lesart wäre, wenn sie handschriftliche
Autorität hätte, wird niemand in Abrede stellen: „bald birgt dich
Nacht und der Schatten stummes Reich und das körperlose Haus
des Pluto." Alle Sinne sind in Anspruch genommen, denn die Nacht
ist blind (cf. Cic. p. Mil. XIX, 50: *tum neque muta solitudo indi-
casset neque caeca nox ostendisset Milonem*) und die Schatten stumm,
und körperlos die Wohnung des Pluto. Das freudenlose Sein in
der Unterwelt tritt um so stärker hervor, je verschiedener eben dies
Unten von der Sinnenwelt ist. Der dreigliedrige Bau der Rede, durch
que und et zusammengehalten, erinnert an II, 20, 21, wo dieselbe
Nachstellung des Adjectivs sich findet:

absint inani funere neniae,
luctusque turpes, et quaerimoniae.

Ich bemerke noch zum Schlusse, dass bei der Erklärung, die ich für
fabulae = umbrae aufgestellt habe, der Einwurf Peerlkamp's: *nox*
recte aliquem premit, manes, umbrae tenues, non recte premunt,
sein Gewicht verliert; denn nicht von den Schatten ist die Rede,
sondern (wie bei Virg. VI. 269 *regna inania* neben *domos Ditis*) von
dem Schattenreiche. Nicht einmal die Annahme eines Zeugma scheint
mir nothwendig.

[Die Herstellung des Scholiasten hat, wie ich mich freue, nachträglich einschalten zu können, theilweise Bestätigung gefunden:
ich lese bei Nonius Marcellus ed. Gothofredus p. 520, 34: *manum*
dicitur clarum, unde etiam mane — nam inde volunt etiam deos manes
appellari, id est bonos ac prosperos, quod melior mors sapientioribus
quam vita probetur.]

Es giebt zahlreiche Verderbnisse im Horaz. Studium und Scharfsinn bringen es dahin, die Fehler der Ueberlieferung bloss zu legen,
aber der Kritiker wird bei dem grösseren Theile der Leser kaum auf
Beifall und Anerkennung rechnen dürfen, wenn er nicht seiner Argumentation zugleich auch einen äusseren Anhaltspunkt zu geben
vermag. Solche Anhaltspunkte liegen oft in zufällig erhaltenen Thatsachen: werden diese übersehen, oder sind sie verwischt, so wird die
Begründung fast unmöglich. Die s e c h s t e Ode des v i e r t e n Buches
beginnt:

Dive, quem proles Niobea magnae
vindicem linguae Tityosque raptor
sensit et Troiae prope victor altae
Phthius Achilles,

ceteris maior, tibi miles inpar,
filius quamvis Thetidis marinae
Dardanas turres quateret tremenda
cuspide pugnax.

ille, *mordaci velut icta ferro*
pinus aut impulsa cupressus euro,
procidit late posuitque collum in
pulvere Teucro.

4*

ille non inclusus equo Minervae
sacra mentito male feriatos
Troas et laetam Priami choreis
falleret aulam,

sed palam **captis** *gravis, heu nefas heu,*
nescios fari pueros Achivis
ureret flammis, etiam latentem
matris in alvo,

ni tuis **victus** *Venerisque gratae*
vocibus divum pater adnuisset
rebus Aeneae potiore ductos
alite muros.

In sed palam c a p t i s gravis muss ein grober Fehler stecken, wie
schon aus der Variantensammlung hervorgeht, die man zu dieser
Stelle notirt hat. Die Handschriften bieten nemlich in bunter Ab-
wechselung entweder sed palam c a p t o s gravis, oder sed palam r a p -
t o r gravis, oder sed palam v i c t o r gravis. In anderen Codices fehlt
das streitige Wort ganz. Daher Bentley: *sane suspicio est iam olim
vocabulum dissyllabum ex versu excidisse et pro vario· sequentium libra-
riorum captu variis modis substitutum esse.* Mit sed palam v i c t o r
gravis verglich ebenderselbe, Virgil. Georg. IV, 83:

dum g r a v i s aut hos
aut hos versa fuga v i c t o r dare terga subegit,

fühlte aber, dass man wohl sed p a l a m victor, aber nicht sed p a l a m
victor g r a v i s schreiben kann, und gab, weil ausserdem oben et Troiae prope v i c t o r altae steht und unten ni tuis v i c t u s folgt, der
anderen Lesart sed palam c a p t i s den Vorzug, ohne sie jedoch für
richtig zu halten. Und beinahe alle Erklärer halten sie für unrichtig,
Orelli selbst, nur Ritter nicht. Orelli bemerkt: *aperto Marte, non insidiis
devictis perniciosus, ut nunc quidem se habet lectio.* Ritter dagegen übersetzt die Stelle aus Verlegenheit ins Griechische: τοῖς ἐμ-
φανῶς ἐκπεπολιορχημένοις βαρύς und fügt dann hinzu: in voce captis
haud dubie veram Horatii manum habemus. Peerlkamp schreibt: *Prae-
ferrem: sed palam* **victis** *gravis. Achilles non amabat belli furta, sed
vim apertam. Tum vero erat gravis v i c t i s, nemini parcens, quod praecipue in Hectore ostenderat. Quid ille non fecisset, capta armis Troia?*
P a l a m in re simili apud Tac. ann. I, 59: *non enim se proditione neque ad·*

versus feminas, sed **palam** *adversus armatos bellum tractare.* Iust. *IX, 8:*
Vincendi ratio utrique diversa. Hic aperta vi, ille artibus bella tractabat.
Deceptis ille gaudere hostibus, hic **palam** *fusis.* Mit dieser Aenderung
Peerlkamp's war nach vielen Emendationsversuchen (Withof: palam
bello gravis, Buttmann: palam captor gravis, und Jeep sogar: palam
atque armis gravis) das richtige getroffen, freilich mit ungenauer
Erklärung und ohne die nothwendige Begründung; darum hat sie
denn auch nicht den geringsten Beifall gefunden. Ich muss hervorheben, dass ich, unabhängig von Peerlkamp, auf einem anderen Wege
zu derselben Conjectur gelangt bin. Wir lesen unten:

> *ni tuis* **victus** *Venerisque gratae*
> *vocibus.*

Der codex antiquissimus Blandinius bietet die Variante **flexus**, welcher Bentley den Vorzug gab. Ihm folgten Haupt, Meineke und andere.
Aber weder **flexus** noch **victus** ist ursprünglich. Horaz schrieb:

> *ni tuis* **captus** *Venerisque gratae*
> *vocibus.*

Der Ursprung der doppelten Verschreibung in unserem Gedichte erklärt sich aus einem Gesichtspunkte. Der Abschreiber gerieth nemlich zu Anfange der fünften Strophe bei den Worten

> *sed palam* **victis** *gravis, heu nefas heu*

in die sechste Strophe hinein, wo damals noch

> *ni tuis* **captus** *gravis Venerisque gratae*

gelesen wurde, und nahm aus dieser das Wort captus oben statt
victis auf. Das verwechselte Wort ist am wenigsten entstellt in
den Handschriften, die uns palam captos bieten, mehr schon bei
der Lesart sed palam captis, am meisten aber von jenen, welche
im Hinblick auf raptor oder victor in der ersten Strophe auch
hier palam victor oder palam raptor versuchten. Aber wie erklärt
sich die falsche Lesart ni tuis victus in der sechsten Strophe? Am
wahrscheinlichsten ist wohl, dass hier für das ursprüngliche captus,
nachdem man dies Wort in der voraufgehenden Strophe verbraucht
sah, vielmehr das als Glosse beigeschriebene victus gewählt wurde.
Erst später fühlte man, dass ni tuis victus nicht recht passend sei,
und änderte oder wählte auch eine zweite Glosse ni tuis flexus,
wozu Cruquius fein bemerkt: *et blandius et minus imperiosum, cui*
conrespondet epitheton Veneris **gratae**. Aber zu schwach ist flexus:
nur captus giebt die Hand des Dichters wieder. Und oben: sed
palam victis gravis. Uebersetze: „jener hätte nicht versteckt im

Ross, dem erlogenen Weihgeschenk an Minerva, die zur Unzeit feiernden Troer getäuscht und den Hof des Priamus, wo er am Tanz sich freute, nein, den in offenem Kampfe Besiegten ein Schrecken, hätte er, weh, weh, o! die unmündigen Knäblein in Achivischen Flammen verbrannt, sogar das im Leibe der Mutter verborgene, wenn nicht gefesselt durch deine und der geliebten Venus Stimme der Götter Vater der Macht des Aeneas unter besserer Vorschau aufsteigende Mauern verheissen hätte."

Noch ein zweiter durch eine ähnliche Verschreibung entstandener Fehler steht im Anfange der dritten Strophe, wozu schon Peerlkamp die nicht ungegründete Bemerkung gemacht hat: *ille metri caussa. Nam dissimilia sunt ille cecidit, ille non falleret. Veteres talia repetebant in re eadem, et cum vi, quae hic nulla cernitur. Nam suffecisset: late procidit velut icta ferro pinus.* Ebenso bemerkte Lachmann, wie ich aus Notizen ersehe, die sich einer seiner Zuhörer bei der Erklärung verschiedener Oden im philologischen Seminare gemacht hat, wörtlich folgendes: „dies *ille*, hier nur als gewöhnlicher Uebergang bei den Dichtern für das prosaische *hic*, wird durch das *ille* in der folgenden Strophe geschwächt." In der Verwerfung von *ille* stimmen also Peerlkamp und Lachmann überein, ihre Gründe kann niemand widerlegen. Horaz schrieb, wie wir mit Sicherheit vermuthen dürfen:

namque, *mordaci velut icta ferro*

ille stammt aus dem Anfange der folgenden Strophe. Ueber *namque*, das etwa fünfzehn bis sechszehn Mal im Horaz vorkommt, vergleiche z. B. I, 22, 9 oder IV, 1, 13 und die Indices.

Es liegt nicht in meiner Absicht, der meist ebenso leichtfertigen als unwissenschaftlichen Annahme sogenannter Interpolationen entgegen zu treten, wozu dies Gedicht günstige Gelegenheit bieten würde. Dagegen möge mir eine Bemerkung über die Anordnung des ganzen Gedichtes, die schon von Sanadon missverstanden worden ist, an dieser Stelle noch erlaubt sein. Bekanntlich wollten Sanadon und Dacier mit der achten Strophe eine neue Ode beginnen lassen. Um diesen noch vor kurzem wiederholten Irrthum zu widerlegen, genügt eine einfache Vergleichung dieses Gedichtes mit od. I, 35. Dort wie hier wird die erste Strophe mit der Anrede (I, 35 an die Fortuna und IV, 6 an Apollo) gefüllt, woran sich dann in beiden Gedichten die passende Ausführung knüpft, die IV, 6 fünf Strophen, und I, 35 sogar sechs Strophen einnimmt. Im folgenden kehrt der

Dichter zur Anrede zurück und enthüllt so zu sagen beidemal am Ende erst den Zweck des Gedichtes, nur dass IV. 6 zuvor die Anrede selbst noch einmal nachdrücklich aufgenommen ist, wodurch dies Gedicht zugleich um eine Strophe länger wurde. Der für den ersten Blick nicht ganz ungefällige Gedanke einer Zerlegung der einen Ode in zwei Theile verliert durch die aus dieser Vergleichung gewonnene Einsicht in die Oekonomie der beiden Gedichte jeden Halt. Alle Gründe, die dafür geltend gemacht sind, mit Ausnahme des einen, dass sich bei IV, 6 vor der achten Strophe ein bemerkbarer Abschnitt (ebenso wie bei I, 35 nach der siebenten) zeigt, was sich aus der aufgezeigten Anordnung erklärt, müssen als nicht stichhaltig abgewiesen werden.

In der zweiten Ode des vierten Buches, die wegen der überaus glücklichen Conception eben so wohl als um der schwungreichen Darstellung willen zu den schönsten Gedichten des Horaz zählt, lesen wir gegen den Schluss:

> *tum meae, si quid loquor audiendum,*
> *vocis accedet bona pars, et „o sol*
> *pulcher, o laudande‟ canam recepto*
> *Caesare felix.*

> **teque** *dum procedis, io Triumphe,*
> *non semel dicemus, io Triumphe,*
> *civitas omnis, dabimusque divis*
> *tura benignis.*

Die besten Handschriften bieten: teque dum procedis, io Triumphe, geringere codices dagegen und die meisten Herausgeber lesen tuque dum procedis, io Triumphe. Ueber die Unrichtigkeit beider Lesarten hat Bentley am eingehendsten und am sichersten geurtheilt. Nachdem er die Meinung einiger Erklärer abgewiesen, die tuque dum procedis lesen und tuque auf o sol pulcher beziehen, fährt er fort: *verum alii potius ad Antonium Iulum, cui carmen hoc inscribitur, referenda haec opinantur; adeo ut'dum Antonius procedat, civitas omnis io Triumphe iterare debuerit. Sed quo, obsecro, nomine procedet Antonius? an qui triumphum ipse agat? nihil minus: spectant enim haec omnia ad Augusti triumphum de Sicambris, quem aliquando futurum esse vaticinatur hic noster. An in alieno quidem triumpho, sed tamen, utpote vir clarus et magnus honoribus functus, inter primos procedet, omnibus conspiciendus? Sed et hoc nihil est: nemini enim, praeterquam ipsi triumphanti civitas omnis io triumphe accinebat. Conf. Ovid. amor. I, 2: de Cupidine triumphante:*

> *omnia te metuent: ad te sua brachia tendens*
> *vulgus, io, magna voce, Triumphe, canet.*

Neque Sol igitur recte procedit neque Antonius: restat ut ad illos demum interpretes nos convertamus, quibus poeta ad ipsum Triumphum conversus hoc dicere videtur. Dum tu, io (sive ò) Triumphe procedis: ut in epod. IX, 21 Triumphum tamquam deum alloquitur:

> *io Triumphe, tu moraris aureos*
> *currus et intactas boves:*
> *io Triumphe, nec Iugurthino parem*
> *bello reportasti ducem.*

Atque hanc expositionem necessario sequntur illi, qui cum meliore codicum parte t e q u e praeferunt. Verum et hic, si penitius excusseris, nihil sani reperies. Si tuque magis tibi arridet, tum haec inde orietur constructio: d u m q u e t u, i o (id est, o) T r i u m p h e, procedis, n o n s e- m e l d i c e m u s haec verba, i o t r i u m p h e. Quis vero hoc iis condonabit, ut alio sensu exponant prius io T r i u m p h e, alio posterius? quis in cultissimo poeta tale portentum admittet? Quod si mavis alteram lectionem t e q u e; iam illa exibit sententia: d u m q u e, o T r i u m p h e, proce- d i s, n o n s e m e l t e d i c̄ e m u s, sive carmine celebrabimus, o T r i u m p h e. Ubi, ut mittam illud o T r i u m p h e iam inepte prorsus et putide repeti- tum; ut mittam iam c i v i t a t e m o m n e m, puerosque patresque carmina in Triumphum illum scripturos, idque no'n s e m e l; nihil fingi potest absur- dius: illud unice hanc interpretationem evertit, quod procul omni dubio, cum noster ait, d i c e m u s io T r i u m p h e, illa ipsa verba sic proferri et acclamari velit: quemadmodum et Naso;

> *miles, io magna voce, Triumphe, canet.*

Satis, opinor, superque iam refutata sunt, quaecunque ad colorem aliquem huic loco inducendum protulerunt interpretes et tamen unicum illud, quod iam dicturus sum, vel per se sufficeret ad utramvis lectionem, seu t u q u e sive t e q u e, funditus subruendam. Dico enim, et omnes in bonis scripto- ribus tritos et subactos mecum habebo sentientes, non aliter accipi posse t u q u e vel

> *t e q u e dum procedis, io Triumphe,*

et illud altero abhinc commate,

> *te decem tauri totidemque vaccae,*

quam de una eademque persona. Nihil enim intervenit, quo t u q u e et t e q u e ad diversas spectare lector moneatur. Cum autem posterius illud ad Antonium Iulum referri, et res ipsa clamitet et omnes ubique consentiant; prius vero ad eundem Antonium nullo pacto pertineri posse iam supra probaverim; id restat, ut prioris loci lectionem mendosam esse necesse sit.

Soweit Bentley; ähnlich hatte schon vor ihm Daniel Heinsius über die Stelle geurtheilt, der **duxque** dum procedit, io Triumphe vorschlng. Bentley wollte **isque** dum **procedit** lesen. Cuningam gab **tumque** dum procedit und fand sogar mit dieser Aenderung einigen Beifall. Sanadon z. B. nahm **tumque** in den Text auf: *jamais correction n'a été plus nécessaire et je ne crois pas qu'elle puisse être plus heureuse.* Die späteren Herausgeber, die sich wohl meist nur durch ihr Gefühl leiten liessen, haben anders über tumque geurtheilt, welches, was ich hinzufügen will, nicht einmal grammatisch richtig ist. Denn „*sicque e Latino ore non magis auditum est quam hicque et nuncque, spernente etiam particula, quae demonstrationem gravem habet, copulae adiectionem.*" Vergl. Madvig, ad Cic. de finib. p. 688. Ich bezweifle, dass man **tumque** so zum zweiten Male irgendwo finden wird. Uebrigens ist die Aenderung schon alt: tūque (doch wohl = tumque) bietet nemlich, wie Pauly bemerkt, Porphyrionis exemplar a. 1498. Peerlkamp machte sich die Sache leichter: er hält die grössere Hälfte dieser Ode für unecht und durfte an unserer Stelle nur bemerken: *densae tenebrae.* Aber nicht einmal dem Interpolator traut er die Schreibung tuque dum procedis zu. Er nimmt an, dass dieser tuque, dum procedit gesagt hat. Die neueren Erklärer sind wieder auf die handschriftliche Ueberlieferung **teque** zurückgegangen und zwar hauptsächlich durch Lachmann veranlasst, der für **teque dum procedis** eine neue Erklärung versuchte: dicemus nemlich = nominabimus, abweichend von Bentley, der es = carmine celebrabimus fasste. Daneben behielt auch **tuque dum procedis** Anhänger und Strodtmann schreibt eine ausführliche Note zu **tuque**, um dieser Lesart den Vorzug vor der anderen **teque** zu vindiciren, „die in neuester Zeit contagiös um sich zu greifen droht." Uns genügt es den einen Satz hervorzuheben: „So ist (wenn nemlich tuque auf Antonius bezogen wird) Einheit und durch keine ungehörige Zwischenrede unterbrochene Ordnung in dem Gesagten, dessen Sinn schon Mitscherlich **klar und deutlich** in die umschreibenden Worte fasst: *dum tu in ista pompa procedis et exclamas (quod Pindarica ἐνεργείᾳ omittitur) io Triumphe, nos turba spectatrix (pro quo est civitas omnis) non semel respondebimus, vicissim acclamabimus, io Triumphe.*" Diese Klarheit und Deutlichkeit scheint einigen Herausgebern einzuleuchten; Nauck wenigstens macht die Bemerkung: die Lesart teque ist gründlich durch Strodtmann beseitigt, fasst aber selbst procedis = voce praeis, ohne sich über die Möglichkeit dieser Erklärung weiter auszusprechen. Besonnener haben andere, wie Linker und Pauly, an der Meinung fest gehalten, dass die Stelle verderbt sei. Dieses Verderbniss hat, wie wir gesehen haben, mit evidenter Sicherheit Bentley nachgewiesen, der nur darin gefehlt, dass er den Zusammenhang zu wenig erwägte. Denn auch die vorhergehende Strophe kann so, wie sie dasteht, nicht richtig sein. Hinter dem doppelten concines, wovon ein jedes einen frischen, lebhaft empfundenen Gedanken voller Kraft und Schwung einleitet, klingt das dürftige:

> *tum meae, si quid loquor audiendum,*
> *vocis accedet bona pars, et o sol*
> *pulcher, o laudande canam recepto*
> *Caesare felix;*

fast komisch. Der Gedanke erträgt die Interpunktion nicht nach felix; man studiere den Bau der sapphischen Oden im Horaz, um dies zu begreifen. Ebenso wenig darf die folgende Strophe isolirt stehen. Diese Beobachtung giebt, wie von selbst, die richtige Emendation an die Hand. Horaz schrieb ganz gewiss:

> *tum meae, si quid loquor audiendum,*
> *vocis accedet bona pars, et o sol*
> *pulcher, o laudande canam recepto*
> *Caesare felix*

> **usque,** *dum procedis, io Triumphe.*
> *non semel dicemus, io Triumphe,*
> *civitas omnis, dabimusque divis*
> *tura benignis.*

Die Neigung nach dem Adonius zu interpungiren, wozu hier noch die grammatisch abgeschlossene Satzbildung einlud, hatte das dadurch ausgeschlossene usque, wodurch der Dichter den voraufgehenden Gedanken zu erhöhen und mit grosser Lebhaftigkeit in die folgende Strophe überzuleiten wusste, unnöthig gemacht: am nächsten lag die Aenderung tuque oder teque, wozu auch die Anmerkung des Scholiasten stimmte: *ad ipsum triumphum conversus haec dicit.* Bentley wies im Einzelnen die Misslichkeiten dieser Lesarten nach: das ent-

ging ihm, dass bei io Triumphe non semel dicemus, io Triumphe
civitas omnis das zweifache io Triumphe neben non semel unmöglich ist. Durch unsere Aenderung fällt auch dieses Bedenken
weg: non semel steht mit Nachdruck am Anfange, wie IV, 9, 18:

> *non semel Ilios*
> *vexata.*

usque gehört nicht zu felix, wie IV, 4, 45 *secundis usque laboribus,* sondern zu canam, wie Virg. eclog. IX, 64 *cantantes licet usque,*
minus via laedit, eamus oder Tibull. II, 5, 110 *cum iuvat ipse dolor,*
usque cano Nemesim, und steht mit besonderem Nachdruck am
Ende des Satzes sowohl, wie an der Spitze der neuen Strophe.
Aehnlich od. II, 9:

> *Non semper imbres nubibus hispidos*
> *manant in agros aut mare Caspium*
> *vexant inaequales procellae*
> *usque,*

womit man vergleiche od. I, 7, 15:

> *albus ut obscuro deterget nubila caelo*
> *saepe notus neque parturit imbres*
>
> *perpetuo.*

Ebenso an der Spitze der Strophe steht usque dum, Catull. carm.
61, 152:

> *en tibi domus ut potens*
> *et beata viri tui,*
> *quae tibi sine fine erit*
> *(io Hymen Hymenaee io,*
> *io Hymen Hymenaee)*
>
> *usque dum tremulum movens*
> *cana tempus anilitas*
> *omnia omnibus annuit.*

Horaz sagt: dann soll, wenn ich Hörenswerthes rede, meiner Stimme
bester Theil sich hinzugesellen und o schöner Tag, o preiswür-
diger, will ich beglückt durch Cäsar's Rückkehr singen ohne
Unterlass, während du einherziehst, io Triumphe! Nicht einmal wollen wir rufen, io Triumphe, die gesammte Bürgerschaft,
und Weihrauch wollen wir spenden den gütigen Göttern. Die höchste

dichterische Erhebung ist in usque, dum procedis, io Triumphe erreicht. Mit non semel dicemus, io Triumphe, civitas omnis (conf. epod. XVI, 36: *eamus omnis execrata civitas*) bereitet sich der ruhige Uebergang zum schönen Schlusse vor.

Wir werden bei dieser Gelegenheit noch einmal auf III, 5, 18 zurückweisen dürfen. Dort lautet die Rede des Regulus nach meiner Herstellung:

> *signa ego Punicis*
> *adfixa delubris et arma*
> *militibus sine caede, dixit,*
>
> *derepta vidi, vidi ego civium*
> *retorta tergo brachia libero*
> *portasque non clausas et arva*
> *Marte coli populata nostro.*
>
> *auro repensus scilicet acrior*
> *miles redibit. flagito additis*
> *damnum. neque amissos colores*
> *lana refert medicata fuco,*
>
> *nec vera virtus, cum semel excidit,*
> *curat reponi deterioribus.*
> *si pugnat extricata densis*
> *cerva plagis, erit ille fortis*
>
> *qui perfidis se credidit hostibus,*
> *et Marte Poenos proteret altero*
> *qui lora restrictis lacertis*
> *sensit iners trepidusque vitae*
>
> *hinc unde mortem sumeret aptius*
> *pacem duello miscuit. o pudor,*
> *o magna Carthago, probrosis*
> *altior Italiae ruinis!*

Dort wie hier verdanken wir die Herstellung der schwer beschädigten Ueberlieferung einer richtigeren Einsicht in den künstlerischen Bau der Horazischen Oden. Der Dichter durfte die Satzbildung nicht mit der einen Strophe sich abschliessen lassen, ist meine Behauptung, die an der Spitze der Beweise dafür steht, dass ich in beiden Fällen

den richtigen Weg der Besserung eingeschlagen habe. Ueber die Art,
wie Strophen zu einem Gedichte verbunden werden, scheint man bis
jetzt noch wenig nachgedacht zu haben. Nicht einmal die modernen
lateinischen Poeten haben eine richtige Einsicht darüber: sie setzen
z. B. im sapphischen Metrum meist nach dem Adonius einen Punkt
und bilden auf diese Weise wohl sapphische Strophen, aber keine
sapphischen Gedichte. Der Charakter der Vereinzelung tritt so stark
hervor, dass ihre Gedichte unerträglich langweilig sind. Die Erklärung des Horaz wird viel gewinnen, wenn man einmal diese metrische
Seite gehörig ins Auge fasst. Peerlkamp tadelt z. B. od. IV, 14, 11:

> *et arces*
> *Alpibus impositas tremendis*
>
> *deiecit acer plus vice simplici.*
> *maior Neronum mox grave proelium*
> *commisit;*

„*haec verba Eutropio historico digniora sunt, quam poeta lyrico.*" In der
That ist der Ausdruck maior Neronum mox grave proelium commisit
ganz der prosaischen Rede gleich und hätte nicht am Anfange
der Strophe stehen können. Das wusste der Dichter auch und versteckte ihn deshalb äusserst kunstvoll dadurch, dass er den Gedanken
der vorausgehenden Strophe mit grossem Nachdruck in diese herüber-
leitete. Ebensowenig konnte Horaz I, 2, 49 mit *hic magnos potius
triumphos* ohne das zur vorhergehenden Satzbildung gehörige *tollat*
fortfahren.

Die Gedankengruppirung tritt überall unabhängig oder sogar im
bewussten Widerstreite zur Strophenbildung auf, beide gehen nur so
lange mit einander, als es im Interesse der ersteren liegt, dieser zu
folgen; der Gedanke gliedert sich symmetrisch neben den Strophen.
Es bekundet eben die Herrschaft des Gedankens über die Form, dass
er nicht regelmässig mit einer Strophe abschliesst, sondern häufig
dieser nicht achtend sich noch in die folgende Strophe erstrecken
kann, um am Anfange oder gerade in der Mitte derselben zu Ende
zu gelangen, wenn er es nicht vorzieht, gar durch mehrere Strophen
hindurch zu gehen. Wir haben oben p. 45 die symmetrische Gedankengliederung der Oden I. 4 und IV, 7 aufgezeigt: eine ähnliche kann
man auch in grösseren strophischen Compositionen verfolgen. Natürlich fehlt sie ebenso wenig in monostichischen Gedichten. Die
„Widmung an Maecenas" gliedert sich z. B. auf folgende Weise:

MAECENAS atavis edite regibus,

2 *o et praesidium, et dulce decus meum,*

SUNT QUOS curriculo puloerem Olympicum

collegisse iuvat; metaque fervidis

evitata rotis palmaque nobilis

6 *terrarum dominos evehit ad deos;*

HUNC, si mobilium turba Quiritium

certat tergeminis tollere honoribus;

illum, si proprio condidit horreo,

10 *quidquid de Libycis verritur areis.*

GAUDENTEM patrios findere sarculo

agros Attalicis conditionibus

nunquam demoveas, ut trabe Cypria

14 *Myrtoum pavidus nauta secet mare.*

LUCTANTEM Icariis fluctibus Africum

mercator metuens otium et oppidi

laudat **tata** *sui; mox reficit rates*

18 *quassas, indocilis pauperiem pati.*

EST QUI nec veteris pocula Massici

nec partem solido demere de die

spernit, nunc viridi membra sub arbuto

22 *stratus, nunc ad aquae lene caput sacrae.*

MULTOS castra iuvant et lituo tubae

permixtus sonitus bellaque matribus

detestata. manet sub Iove frigido

venator tenerae coniugis inmemor,

seu visa est catulis cerva fidelibus,

28 *seu rupit teretes Marsus aper plagas.*

ME DOCTARUM hederae praemia frontium

dis miscent superis, me gelidum nemus

nympharumque leves cum Satyris chori

secernunt populo, si neque tibias

Euterpe cohibet nec Polyhymnia

34 *Lesboum refugit tendere barbiton.*

QUODSI me lyricis vatibus inseres,

36 *sublimi feriam sidera vertice.*

Der Hauptwerth dieser Ode besteht eben in der feinen Gedanken-gruppirung. Unbegreiflich ist es, wie Meineke und Lachmann dieses Gedicht, welches zufällig aus 36 Zeilen besteht, in 9 vierzeilige Strophen abtheilen konnten. So ungern ich solchen Männern in Ansichten widerspreche, die ihnen feste Ueberzeugungen geworden zu sein scheinen: hier muss ich es auf das bestimmteste thun. Nach meiner Ansicht zerstört man durch diese Abtheilung gewaltsam die Gedankensymmetrie und bekommt dann nicht Strophen, wie ein jeder leicht einsieht, sondern „eine Eintheilung in gewisse regelmässige Versglieder, die nothwendig war, sollten die Gedichte gesungen werden." Aber glaubt man im Ernst, der Dichter habe mit dieser Widmung ein carmen chordis sociandum geben wollen? Und was sind denn das für „regelmässige Versglieder," durch deren Annahme die Möglichkeit einer schönen Gedankenanordnung verloren geht? Ich nenne „das Gesetz der vierzeiligen Strophe" eine Zufälligkeit, die weit entfernt einen inneren Grund für sich zu haben, sogar in offenbarem Widerspruche steht mit dem Gesetze einer symmetrischen Gedankengliederung, das noch kein wahrer Dichter verkannt hat. Ich will zum Schluss noch ein beliebig gewähltes Stück aus dem Agamemnon des Aeschylus vorlegen und durch Zahlen die Correspondenz der Rede hervorheben: wer Lust hat, mag den Versuch machen, diese 32 Verse in 8 vierzeilige Versglieder zu zerlegen, um einzusehen, wie hier ebenso wie in dem Gedichte des Horaz die Gedankengliederung selbst zerrissen wird:

εὖ γὰρ πέπρακται. ταῦτα δ' ἐν πολλῷ χρόνῳ,
τὰ μέν τις ἂν λέξειεν εὐπετῶς ἔχειν,
τὰ δ' αὖτε κἀπίμομφα. τίς δὲ πλὴν θεῶν
4 ἅπαντ' ἀπήμων τὸν δι' αἰῶνος χρόνον;
μόχθους γὰρ εἰ λέγοιμι καὶ δυσαυλίας,
σπαρνὰς παρήξεις καὶ κακοστρώτους — τί δ' οὐ
στένοντες ἂν λάχοιμεν ἥματος μέρος;
8 τὰ δ' αὖτε χέρσῳ καὶ προσῆν πλέον στύγος·
εὐναὶ γὰρ ἦσαν δαΐων πρὸς τείχεσιν,
ἐξ οὐρανοῦ δὲ κἀπὸ γῆς λειμωνίας
δρόσοι κατεψέχαζον ἔμπεδον σίνος
12 ἐσθημάτων τιθέντες ἔνθηρον τρίχα.
χειμῶνα δ' εἰ λέγοι τις οἰωνοκτόνον,
οἷον παρεῖχ' ἄφερτον Ἰδαία χιών,
ἢ θάλπος, εὖτε πόντος ἐν μεσημβριναῖς
16 κοίταις ἀκύμων νηνέμοις εὕδοι πεσών —
τί ταῦτα πενθεῖν δεῖ; παροίχεται πόνος.
παροίχεται δέ, τοῖσι μέν τεθνηκόσιν

19 τὸ μήποτ' αὖθις μηδ' ἀναστῆναι μέλειν.
τί τοὺς ἀναλωθέντας ἐν ψήφῳ λέγειν,
τὸν ζῶντα δ' ἀλγεῖν χρὴ τύχης παλιγκότου;
22 καὶ πολλὰ χαίρειν συμφορὰς καταξιῶ.
ἡμῖν δὲ τοῖς λοιποῖσιν Ἀργείων στρατοῦ
νικᾷ τὸ κέρδος, πῆμα δ' οὐκ ἀντιῤῥέπει,
ὡς κομπάσαι τῷδ' εἰκὸς ἡλίου φάει·
26 ὑπὲρ θαλάσσης καὶ χθονὸς ποτωμένοις.
Τροίαν ἑλόντες δή ποτ' Ἀργείων στόλος
θεοῖς λάφυρα ταῦτα τοῖς καθ' Ἑλλάδα
29 δόμοις ἐπασσάλευσαν ἀρχαῖον γάνος.
τοιαῦτα χρὴ κλύοντας εὐλογεῖν πόλιν
καὶ τοὺς στρατηγούς, καὶ χάρις τιμήσεται
32 Διὸς τόδ' ἐκπράξασα. πάντ' ἔχεις λόγον.

Kehren wir nach diesen beiläufig gemachten Bemerkungen wieder zur Kritik zurück. Es giebt dunkele, schwer verständliche Stellen im Horaz, woran die Erklärer stillschweigend vorübergehen oder die sie mit Noten versehen, die fast noch dunkeler sind als der Text. Und doch ist Klarheit der Gedanken und leicht fasslicher Sinn ein charakteristisches Merkmal der Poesie dieses Dichters. Freilich muss _ der Kritiker an solchen Stellen behutsam verfahren: denn eine mangelnde Notiz kann uns oft das Verständniss unmöglich machen. Aber wie, wenn zur Dunkelheit auch Steifheit und Unangemessenheit des Ausdrucks hinzukommt? Das dreizehnte Gedicht des vierten Buches enthält eine Stelle der Art:

> nec Coae referunt iam tibi purpurae
> nec cari lapides tempora, quae semel
> **notis** condita **fastis**
> inclusit volucris dies.

Porphyrio macht zu condita fastis die kurze Bemerkung: *quae iam retro acta sunt.* Der Commentator Cruquii: *quae: tempora praeterita. notis: publicis, omnibus cognitis. hoc est, ut publica in fastis notata servantur ac includuntur, ita privata quasi in sepulcro condita praetereunt non reditura.* Man erkennt leicht, dass die letzte Hälfte der Erklärung auf das Scholion zu inclusit Bezug nimmt: signavit, deposuit, sepellivit; inclusi enim defuncti tumulo dicuntur. Unter den Erklärern hat Dacier die ausführlichste Note; Torrentius sagt kurz: *notis condita fastis, id est praeterita, ut prisci interpretes annotarunt.*

Recte, ex Romanorum more, qui tempora fastis suis publicis metiri solent.
Unde et annos a consulibus computabant; atque adeo con s u l e m pro
a n n o posuit Martialis lib. 1:
> *bis iam paene tibi consul tricesimus instat.*

Aber bei allen Erklärungen bleibt die Bedeutung von n o t i s zweifelhaft. Einige Ausleger haben den Nebengedanken in die Erklärung
aufgenommen: du betrügst niemanden mit Schmuck und Edelgestein:
man kann die Jahrbücher, die jedermann zugänglich sind
(= notis), durchsehen, um dein Alter nachzurechnen. Aber das wollte
Horaz gewiss nicht sagen; auch war es nicht nothwendig die Jahrbücher aufzuschlagen, um das zu ersehen, was l u r i d i d e n t e s , r u -
g a e und c a p i t i s n i v e s deutlich genug bekundeten. Lachmann
in den genannten Aufzeichnungen bemerkt: „fastis = annales, die, wie
man weiss (= notis), Geschichte schreiben, aber es bleibt wunderbar.“
Und am wunderbarsten vielleicht ist die Erwähnung dieser Jahrbücher
selbst. Ich vermuthe, dass Horaz geschrieben hat: **nostris** *condita*
fatis. C o n d i t a bekommt jetzt die Bedeutung, die ihm Burm. ad
Val. Flacc. I, 531: *vetera haec nobis et c o n d i t a pergunt* —, in der
früheren Verbindung mit f a s t i s fälschlich beilegen wollte, nemlich
= constituta. Vergl. Lucan. VII, 131:
> *advenisse diem, qui f a t u m rebus in aevum*
> *c o n d e r e t humanis;*

, oder Prop. V, 1, 71:
> *quo ruis imprudens, vage, dicere f a t a , Properti?*
> *non sunt ah dextro c o n d i t a fila colo;*

oder Manil. I, 119:
> *et venit in terras f a t o r u m c o n d i t u s ordo;*

ausserdem Horaz selbst im folgenden:
> *sed Cinarae brevis*
> *annos f a t a dederunt,*
> *servatura diu parem*
> *cornicis vetulae t e m p o r i b u s Lycen.*

Der Fehler entstand, indem ein Abschreiber irrthümlich für nostris
condita fatis nach bekannter Weise notis condita fastis einsetzte.
Der Dichter sagt: „nicht Coischer Purpur, nicht Edelgestein bringt
dir die Zeiten zurück (i. e. die Jugend, wie schon der Commentator
Cruquii bemerkt: *t e m p o r a , iuventutem*), die einmal durch u n s e r
Geschick bestimmt abschloss der beflügelte Tag.“ Die Härte des
von Dacier und Sanadon nicht mit Unrecht getadelten Gedichtes wird

durch den einen Ausdruck nostris condita fatis (conf. Prop. II,
1, 71: *mea fata*) auffällig gemildert: denn der Dichter lässt dadurch
nicht undeutlich erkennen, dass er zugleich mit der Geliebten gealtert
sei, aber jene trifft sein gerechter Spott darüber, dass sie unschick-
licher Weise ein Alter der Liebe widmen will, was dafür nicht mehr
passend ist. Vergl. Tibull. I, 1, 69:

> *interea, dum fata sinunt, iungamus amores:*
> *iam veniet tenebris Mors adoperta caput,*
> *iam subrepet iners aetas, neque amare decebit,*
> *dicere nec cano blanditias capiti.*

Mit inclusit vergleiche noch Prop. III, 7, 53:

> *sic nobis, qui nunc magnum spiramus amantes,*
> *forsitan includet crastina fata dies.*

Selbst in volucris dies liegt eine Andeutung, dass fatis voraus-
gegangen sei; conf. II, 17, 24 *volucrisque fati tardavit alas*. Uebrigens, um das noch zu bemerken, wird man vielleicht in der angeführten Stelle statt fata dederunt richtiger Fata dederunt schreiben;
nach II, 16, 37: *mihi — Parca dedit.*

Mit grösserer Sicherheit vielleicht lässt sich eine andere Stelle im
siebenunddreissigsten Gedichte des ersten Buches corrigiren:

> *dum Capitolio*
> *regina dementis ruinas*
> *funus et imperio parabat*
>
> *contaminato cum grege turpium*
> **morbo** *virorum, quidlibet impotens*
> *sperare fortunaque dulci*
> *ebria:*

Ein Scholiast macht die Bemerkung: *id est, cum grege spadonum, quos
Cleopatra satellites et cubicularios habebat, quos morbo turpes dixit,
quia fere hi effeminati erant.* Schon Bentley hat Anstoss genommen an
dieser Erklärung: *nequeo tamen a me plene impetrare, ut verba ipsa sic
a poeta profecta esse credam: non agnosco elegantiam Flacci, neque alius,
credo, agnoverit, qui aures ab optimorum scriptorum lectione adhuc ca-
lentes habeat.* Ebenso hat Böttiger opusc. p. 439 dringend aufgefordert, diese Stelle zu verbessern. Peerlkamp schlug eine neue Erklärung vor; ich war gleichfalls auf diese Erklärung gekommen mit
Hülfe derselben Stelle aus Vell. II, 83, verwarf sie aber nach genauer
Prüfung, noch ehe ich Peerlkamp's Anmerkung gelesen. In der That

hat diese Erklärung ebenso wenig Beifall gefunden als die bisherigen Besserungsversuche. Ich vermuthe, dass Horaz geschrieben hat: *turpium motu virorum = instinctu.* Conf. Propert. I, 6, 45: *Bellonae motu;* Ovid. metam. VI, 158: *divino concita motu.* Die ganze Rede wird durch unsere Aenderung und Interpunction concinner und der Zusammenhang gewinnt:

> *dum Capitolio*
> *regina dementis ruinas,*
> *funus et imperio parabat*
>
> *contaminato cum grege, turpium*
> *motu virorum quidlibet impotens*
> *sperare fortunaque dulci*
> *ebria: sed minuit furorem*
>
> *vix una sospes navis ab ignibus,*
> *mentemque lymphatam Mareotico*
> *redegit in veros timores*
> *Caesar — —*

In turpium motu virorum liegt jetzt ein Fortschritt des Gedankens: der Dichter denkt hauptsächlich an Antonius, Plancus (*„humillimus assentator reginae"* nach Vell. II, 83) und andere Römer (conf. Dio Cass. 50, 5: οὐ γὰρ ὅτι ἐκεῖνον (Ἀντώνιον), ἀλλὰ καὶ τοὺς ἄλλους — ἐγοήτευσε καὶ κατέδησεν, ὥστ' αὐτὴν τῶν Ῥωμαίων ἄρξειν ἐλπίσαι). Dagegen contaminato cum grege bedeutet cinaedorum spadonumque cum grege (ähnlich epod. 9, 11 *miles et spadonibus servire rugosis potest*). Damit verträgt sich schlecht, wie Bentley schon bemerkte, die Verbindung virorum: *virorum nomine, nisi fallor, non dignaretur Eunuchos, qui semiviri potius vel feminae vel monstra dicendi erant, hoc saltem in loco, cum eos exsecraretur et contemptui haberet.* Alle Verächtlichkeit und Bitterkeit, die in dem Worte grege liegt, geht verloren durch das hinzukommende virorum; denn vir bildet den geraden Gegensatz zu spado (z. B. Quintil. V, 12, 19: nemo non vir spadone formosior erit). So haben gute Schriftsteller nicht die Wirkung ihrer Worte aufgehoben: man vergleiche nur die von Bentley angeführten Stellen, z. B. Tacit. ann. XV, 37: *ex illo contaminatorum grege,* Curt. III, 8 *spadonumque grex haud sane illis gentibus vilis.* Ausserdem wird der Horazische Ausdruck durch seine Ueberladung unschön, was auch Horkel, analecta Horatiana p. 118, richtig bemerkt hat und was ein jeder nothwendig fühlt, der die (z. B. von Garcke de graecismo Horatiano p. 157 vorgeschlagene) Uebersetzung liesst: sammt dem unsaubern Schwarm ihrer scheusslich von siecher Wollust entstellten Männer. Es ist undenkbar, dass Horaz so geschrieben haben sollte. Meine Emendation hebt auch diesen Nachtheil auf. Morbo ist Glosse zu contaminato, die in den Text gerieth, weil motu vielleicht (wie auch an der angeführten Stelle aus Properz) in mota verderbt und dadurch unverständlich geworden war. Und zwar adnotirte der Grammatiker morbo contaminato cum grege, wie z. B. Ovid. Heroid, XI, 37 *vitiati pondera ventris* durch stupro vitiati pondera ventris erklärt ist: er nahm nemlich morbo in dem bestimmten Sinne von libido: so Priap. ed Linden-Bruch. p. 51: *morbosior omnibus cinaedis* und Quint. VI, 3, 64: *libidinosior es quam ullus spado* und Seneca epist. 83: *impudicus morbum confitetur ac publicat.*

  Im folgenden steckt wahrscheinlich noch ein zweiter Fehler:

> *sed minuit furorem*
> *vix una sospes navis ab ignibus,*
> *mentemque lymphatam* **Mareotico**
> *redegit in veros timores*
> *Caesar ab Italia volantem*
>
> *remis adurgens, accipiter velut*
> *mollis columbas aut leporem citus*
> *venator in campis nivalis*
> *Haemoniae, daret ut catenis*
>
> *fatale monstrum.*

Bentley hat zu dieser Stelle bemerkt: *illud autem obiter adnotare non piget, male hic rem gessisse interpretes quos viderim omnes; dum lymphatam intelligunt ebriam, insanam, furiatam. Immo vero tu vano pavore, sive metu lymphatico territam et consternatam accipe; quod ex historia verum esse comperies. Quippe ipso statim Actiaci praelii initio, quasi Panico terrore concussa Cleopatra fugam capessebat: quem vanum timorem ab Augusto ad verum esse redactum ait noster, cum ille parta victoria mox tota classe fugientem eam sequeretur. Certe nisi hoc sensu lymphatam explicas, frigebit tota sententia vel potius ad nihilum redigetur.* Bentley führt dann einige Beispiele an, z. B. Lucan. VII, 186:

> *quid mirum populos, quos lux extrema manebat,*
> *lymphato trepidasse metu.*

Noch passender wäre gewesen: Tacit hist. 1, 82: *lymphatis caeco
pavore animis*. Denn Bentley fasst ja mentemque lymphatam =
m. lymphatam vano pavore = und den durch eitle Furcht aufge-
regten Geist führte Cäsar zur gegründeten Besorgniss zurück. Aber
warum hat der Dichter Mareotico hinzugefügt? Bentley bemerkt:
*urbane autem et amare noster non Pane vel Apolline vel quovis alio
numine lymphatam Cleopatrae mentem, sed vino Mareotico
tradit*. Man wird bei dem grossen Kritiker selten oder gar nicht
wieder einen Satz finden, der so verkehrt ist, wie dieser. Nur Verlegenheit hat die Worte dictirt.

Meineke bemerkt dagegen: *mentem lymphatam Mareotico
qui de panico terrore interpretantur, videant quo pacto hoc concilient
cum iis quae de vini usu praedicat poeta III, 21, 17. Tantum enim
abest, ut ebrietas animum vano timore impleat, ut spes iubeat esse
ratas et ad praelia trudat inertem, ut est in epist. I, 5, 17. Itaque
lymphatam mentem de impotenti reginae fiducia intelligendam apparet,
cui recte opponuntur veri timores, siquidem vana erat nimia illa
animi fiducia*. Also Meineke fasst mentemque lymphatam = m. lymphatam vana spe. Aber warum, frage ich wieder, hat der Dichter
Mareotico hinzugefügt? Bentley fasst die Stelle, als ob Horaz geschrieben mentemque trepidantem falso metu und Meineke = mentemque trepidantem nimia animi elatione: aber es steht da mentem
lymphatam Mareotico = mentem commotam vino, etwa wie Lucan.
VIII, 401: *epulis vesana meroque* sagt. Man sieht, beide Erklärer
tragen das, was dem Satze erst Werth und Gehalt giebt und durch
in veros timores gefordert wird, gerade zu hinein, indem sie übersetzen: und den durch Mareoterwein zur eitlen Furcht oder
zur eitlen Hoffnung erregten Sinn führte Cäsar zur gegründeten
Besorgniss zurück. Ausserdem haben einige Erklärer (z. B. Linker)
in ihren Ausgaben Mareotico mit einem Kreuz versehen; ich hoffe,
nicht bloss darum, weil Hermann, elem. doct. metric. p. 691, an der
vernachlässigten Cäsur Anstoss nahm (ebenso IV, 14, 17: *spectandus
in certamine Martio)*, sondern wohl vielmehr im richtigen Gefühle,
dass lymphatam Mareotico an unserer Stelle widersinnig ist.

Diese Behauptung wird leichter zu beweisen sein, wenn wir im
vorausgehenden so glücklich gewesen sein sollten, die fehlerhafte
Ueberlieferung richtig zu bessern. Horaz sagt: Jetzt lasst uns trinken und tanzen. Vorher war es Sünde lustig zu sein, so lange die
Königin wahnsinnigen Umsturz dem Capitol und dem Reiche Ver-

nichtung drohte mit ihrer befleckten Rotte, sie die auf Eingebung schändlicher Männer hin (turpium motu virorum) sich vermass, alles zu wagen und berauscht vom süssen Glücke war. Doch es minderte ihren Wahnsinn, als kaum ein Schiff vom Feuer unversehrt blieb, und den durch Mareoterwein erregten Sinn führte zur gegründeten Besorgniss zurück Cäsar, als er die von Italien Fliehende mit schnellem Ruder (remis adurgens) verfolgte, um das verderbenbringende Ungethüm in Ketten zu legen.

An und für sich nun ist es lächerlich, dass der Dichter die, welche er eben von süssem Glücke berauscht genannt hat, eine Zeile weiter sich im Mareoterweine betrinken lässt. Wann wäre so eine Abgeschmacktheit je erhört worden? Und nun gar an unserer Stelle, wo das mentemque lymphatam Mareotico dem fortunaque dulci ebria genau entsprechen muss, ebenso wie vorher sed minuit furorem vix una sospes navis dem turpium motu virorum quidlibet impotens sperare entsprechend gesagt ist!

Ich zögere keinen Augenblick dem Horaz zurückzugeben, was der Zusammenhang uns schreiben lehrt:

> *sed minuit furorem*
> *vix una sospes navis ab ignibus,*
> *mentemque lymphatam* **trepidantius**
> *redegit in veros timores*
> *Caesar — —*

„und es führte Cäsar den allzuhastig erregten Sinn zur gegründeten Furcht zurück." Wir sehen, Meineke hatte Recht: *itaque lymphatam mentem de impotenti reginae fiducia intelligendam apparet, cui recte opponuntur veri timores, siquidem vana erat nimia illa animi fiducia.* Man hüte sich darum trepidantius hier = timidius zu fassen: es drückt jede ungeduldige Hast aus und kann ebenso von Freude und Hoffnung wie von der Furcht gesagt sein: conf. Ovid. trist. 1, 5, 37: *neve metu falso nimium trepidate* und Arnob. VII, 213: *trepidare laetitia,* dann Liv. VII, 11: *relictis trepide castris* = „hastig." In dem nimium trepidanter (= trepidantius) lymphatam liegt der Gegensatz zu veros timores.

Ausserdem merke man auf die oben angeführten Beispiele, wo trepidare neben lymphatus steht, und füge noch hinzu: Curtius IV, 12, 14: *lymphati trepidare coeperunt.*

Noch muss ich mich darüber erklären, wie trepidantius aus-
fallen und dafür das scheinbar wildfremde Wort Mareotico in
den Text kommen konnte. Es war leichter als man glaubt. Ein
kundiger Abschreiber erinnerte sich schon bei ebria an die Zech-
gelage des Antonius und der Cleopatra; ihm fielen Stellen ein, ähnlich wie diese: Gratius, Cyneget. 319: *humanos non res magis
altera sensus tollit (quam luxus): haec illast Pharios quae fregit
noxia reges, dum servata eavis potant Mareotica gemmis;* dabei
wurde eine Anmerkung über den bekannten Mareoter-Wein gemacht:
vielleicht schrieb er geradezu: *ergo lymphatam mentem accipe ex ebrie-
tate vesanam, lymphatam Mareotico,* wie es in einem Scholion noch
heisst. Das beigeschriebene Wort gerieth später in den Text, wohin es
so vortrefflich passt, wie wenigstens der Abschreiber glauben musste,
der trepidantius nicht recht verstand, weil er es = timidius nahm oder
vielleicht auch mit redegit verband. Dass der Dichter nach fortunaque dulci ebria nicht mentemque lymphatam vino folgen lassen
kann, begriff der Abschreiber nicht, ebenso wenig sah er ein, dass
Horaz hier, wo er der Cleopatra das Weintrinken vorrückt, einen
Vorwurf ohne Schneide macht, in dem Zusammenhange nemlich:
Alten Cäcuber her! wir wollen trinken und jubeln, weil Cäsar den
von Mareoterwein trunkenen Sinn der Königin gebeugt!

Wie falsche Lesarten durch Citate in den Horaz hineingekommen
sind, zeigen viele Stellen, z. B. III, 18, 13:

> *festus in pratis vacat otioso
> cum bove pagus,
> inter audacis lupus errat agnos;*

wo viele Handschriften **pardus** bieten. Diese Lesart entstand, wie
Bentley sah, nach einem Citat aus Esaias cap. XI, 6: *habitabit lupus
cum agno et pardus cum haedo accubabit.* Auch hier gab man eine
Zeit lang der gelehrten Variante **pardus** den Vorzug vor der richtigen und einfachen Lesart **pagus.** Ebenso erklärt sich Sat. 1, 6, 126:

> *ast ubi me fessum sol acrior ire lavatum
> admonuit, fugio campum lusumque trigonem,*

die abweichende Lesart **fugio rabiosi tempora signi** nur aus
einem Citat, das erläuternd zu sol acrior gefügt war; ähnlich Tibull. 1, 4, 5: *aestivi tempora sicca canis.*

Mit Unrecht hat dagegen Bentley bei 1, 37 in der folgenden
Stelle **reparavit** beanstandet:

quae generosius
perire quaerens nec muliebriter
expavit ensem nec latentis
classe cita reparavit oras;

reparavit ist ein gewandter Ausdruck, der zu glücklich erfunden
scheint, um unrichtig sein zu können. Uebersetze: noch erneuerte
sie (l. e. suchte von neuem auf) versteckte Küsten." Der Gedanke bezieht sich aber, wie ich vermuthe, auf epod. IX, 19. Ich
will die Stelle zugleich mit einer mir nothwendig scheinenden Aenderung ganz hierher setzen:

Romanus, eheu, posteri negabitis,
emancipatus feminae

fert vallum et arma, miles et spadonibus
servire rugosis potest,

interque signa turpe militaria
Sol aspicit canopeum —

an hoc *frementes verterunt bis mille equos*
Galli canentes Caesarem? —

hostiliumque navium portu latent
puppes sinistrorsum citae.

Dazu bemerkt Ritter: *haec pertinent ad timidam stationem*
Antonii navium in portu sinuve Actiaco: scilicet ex portu non egre-
dientes, sed in intimum sinum puppes retrahentes expectabant. Und
zwar geschah das alles auf Geheiss der zaghaften Cleopatra.

Aehnlich gewagt, wie reparavit, ist z. B. I, 12, 11 das Adjectiv blandus gebraucht:

blandum et auritas fidibus canoris
ducere quercus,

i. e. *aptum blando cantu:* hier findet sich bei Servius die Glosse do-
ctum ebenso wie neben reparavit mehrere Handschriften die
frostige Erklärung repetivit bieten. Der Dichter überdeckt absichtlich in beiden Fällen den einfach geforderten Begriff durch ein
schilderndes Wort und wird grammatisch ungenau, um poetisch
wirksamer zu sein. Hierin liegt ein Mangel der Bentley'schen Kritik,
dass sie, gehemmt durch die mit Recht hochgestellten Forderungen

einer verständigen Rede, oft nicht beweglich genug war, um sich in die phantasievolle Ausdrucksweise eines Dichters zu finden, der mir darum für den bedeutendsten aller römischen Lyriker gilt, weil er über den grammatisch gewählten und künstlerisch berechneten Ausdruck hinaus erfinderisch und neu sein kann. Die Alten haben es schon anerkannt; ein feiner Kenner, nemlich Petronius schreibt p. 151 ed. Bücheler: *ceterum neque generosior spiritus vanitatem amat, neque concipere aut edere partum mens potest nisi ingenti flumine litterarum inundata. Effugiendum est ab omni verborum, ut ita dicam, vilitate et sumendae voces a plebe summotae, ut fiat „odi profanum vulgus et arceo.“ Praeterea curandum est, ne sententiae emineant extra corpus orationis expressae, sed intexto versibus colore niteant. Homerus testis et lyrici Romanusque Virgilius et Horatii* curiosa felicitas.

Ich kehre zur Kritik zurück. Bis jetzt waren es nur vereinzelte Stellen, die zur Behandlung gekommen sind. Darf ich nun zwar die gegründete Hoffnung hegen, die Geduld des Lesers nicht überall fruchtlos in Anspruch genommen zu haben, so glaube ich doch anderseits auch, dass die volle Tragweite der angewandten Methode erst aus der kritischen Behandlung eines ganzen Gedichtes richtig erkannt werden mag. Ich wähle, um diesen Versuch zu machen, die vierte Ode des vierten Buches, auf Drusus Sieg über die Vindeliker, wahrscheinlich noch im Spätsommer des J. 15 v. Chr. geschrieben. Dasselbe Thema nimmt der Dichter in der vierzehnten Ode desselben Buches wieder auf, nur feiert er dort neben der Bezwingung der Vindeliker durch Drusus noch besonders die etwa zwei Monate später erfolgte Unterjochung der Räter durch Tiberius. In beiden Oden aber wird der Kaiser Augustus selbst mitgefeiert, und zwar in der vierzehnten noch mehr als in der vierten, wo nach Drusus und Augustus die gesammte gens Claudia besonders ausgezeichnet ist. Unsere Ode ist eine der grössten und schönsten in der ganzen Sammlung: gleich lang ist z. B. das carmen saeculare, um eine Strophe länger aber III, 4. Acron bemerkt zu IV, 4: *De Druso haec ode, propter quam et quartum librum contra dispositionem fecit, scripta est, in laudem Drusi Neronis privigni Augusti Caesaris filii Neronis, quem ob insigne virtutis aquilae comparavit.* Und Porphyrion: *Haec est ecloga, propter quam ut supra ostendimus totus hic liber compositus est.* Dies supra bezieht sich auf eine Bemerkung zu Anfange des vierten Buches, wo es heisst: *Post consummatos editosque tres carminum libros maximo intervallo hunc q u a r t u m scribere compulsus esse dicitur ab Augusto, ut Neronis privigni eius victoriam de Raetis Vindeliciis* (nach der ungenauen Ausdrucksweise der Späteren) *quaesitam illustraret; quae in hoc libro ea ode contineantur quae sic incipit: „q u a l e m m i n i s t r u m."* Damit stimmt Acron überein: *Statuerat Horatius usque ad tertium librum complere opus suum, quibus editis maximo intervallo hunc quartum cumpulsus est ab Augusto in laudem privigni Drusi Neronis qui victor de Raetis Vindelicis fuerat reversus.* Ebenso der Commentator Cruquii, der hinzufügt: *ut refert Suetonius in vita Horatii.* In dieser vita aber ist die gemeinte Stelle nach schlechter Ueberlieferung also auf uns gekommen: *scripta quidem eius (Augustus) usque adeo probavit —, ut non modo saeculare carmen componendum iniunxerit, sed et V i n d e l i - cam victoriam T i b e r i i D r u s i que, privignorum suorum, eumque coegerit propter hoc tribus carminum libris ex longo intervallo quartum addere.* Wahrscheinlich haben die unterstrichenen Worte ursprünglich gelautet (wie auch Middendorf, Programm, Münster 1861 p. 17 annimmt) *sed et Vindelicam victoriam N e r o n i s D r u s i p r i v i g n i s u i.* Die hierdurch festgestellte Ueberlieferung, dass Augustus selbst den Dichter aufgefordert habe, den Vindelicischen Sieg des Drusus zu besingen, ist an und für sich nicht unwahrscheinlich, aber hüten müssen wir uns vor der Annahme, dass dies Gedicht a l l e i n die Veranlassung der Herausgabe des vierten Buches gewesen sei.

Die Ode beginnt:

> *Qualem ministrum fulminis alitem,*
> *cui rex deorum regnum in avis vagas*
> *permisit expertus fidelem*
> *Iuppiter in Ganymede flavo,*
>
> *5 olim iuventas et patrius vigor*
> *nido laborum propulit inscium;*
> *verni que iam nimbis remotis*
> *insolitos docuere nisus*
>
> *venti paventem, mox in ovilia*
> *10 demisit hostem viridus impetus,*
> *nunc in reluctantes dracones*
> *egit amor dapis atque pugnae;*

An der gewöhnlichen Lesart v e r n i que nahm zuerst der ältere Scaliger (Poetic. VI, p. 887) Anstoss: *non potest hic v e r i s facere mentionem, nam primo ineunte vere, aquila parit; incubat tricenis diebus; vix sexto mense (Augusto) ad venationem apti sunt pulli, quippe septembri etiam sunt invalidiusculi.* Daran schloss sich Bentley mit seiner Argumentation: *quae cum veris similia sint et tanti viri fide tradita, videamus, quo pacto Torrentius Dacieriusque Flacci partes tutentur. De adulto, aiunt, vere loquitur Horatius, iam remotis nimbis, hoc est, ineunte aestate: totum enim ver imbriferum est. Mirifica sane defensio. Si enim totum ver imbriferum sive nimbosum est, quomodo nimbis iam remotis venti adhuc verni dicuntur? Aut nihil videmus, aut aestivi potius dicendi erant.* Bentley entschied sich darum für die in guten Handschriften sich findende Variante *vernisque*. Geltend dafür macht er noch, dass auch der Scholiast so gelesen haben müsse, von dem wir die Bemerkung haben: *vernique, ut, ruit imbriferum ver. Atqui exemplum illud,* fährt Bentley fort, *ex Virg. Georg. I, 313 petitum scripturae isti prorsus repugnat: hic enim ver imbriferum sive nimbosum est, illic verni venti sunt, remotis nimbis. Sine dubio scripserat scholiastes vernisque nimbis, ut, ruit imbriferum ver. Iam enim id exemplum adeo adposite citatur, ut nihil magis. Quippe in Italo caelo ver imbribus et nimbis plerumque infestum est.* Nachdem Bentley für diese letzte Behauptung eine Reihe von Beispielen angeführt hat, fügt er noch zum Schlusse hinzu: *recte igitur habet vetustiorum codicum lectio vernis nimbis remotis, quam bene sane explicavit manus antiqua in ora codicis Graeviani: vernali tempore transacto, quo plumescunt aves. In recepta vero lectione, verni venti iam nimbis remotis, ubi nimbi hiberni necessario intelligi debent, non video, quid pro Flacco adversus Scaligerum reponi possit.* An diesen letzten Satz haben sich die späteren Herausgeber festgeklammert: um die naturgeschichtliche Thatsache, dass die jungen Adler nicht im Frühjahr schon, wo andere Vögel erst nisten, flügge werden können, kümmerte man sich wenig. Ritter bemerkt einfach: *poeta novellas aquilas verno tempore provolare cogitavit, non demum, ut fit, mense Augusto.* Von den älteren Erklärern ist nur Sanadon auf die Lesart *vernisque* eingegangen. Seine Note verdient nachgelesen zu werden. Ebenso macht Lachmann in meinen Notizen die kurze Bemerkung: „vernis wird es wohl heissen müssen." Aber weder *vernique* noch *vernisque* ist das richtige; die letztere Lesart scheint oder ist vielmehr offenbar aus der ersteren durch Correctur hervorgegangen. Die frühere Lesart

verni dagegen entstand aus der zu nimbis (conf. Senec. nat. quaest. IV, 4:
quum ver coepit — — ob hoc nimbi — — und Iuv. sat. IV, 87:
aut nimbos b vere —) hinzugefügten Erklärung verni (=verni temporis;
cf. Hor. d. a. p. 302 *sub verni temporis horam,* und Petron. ed. B.
p. 163 *verni temporis aura,* später sogar in der Poesie = *veris;* cf.
Poet. vet. christ. eccles. op. ed. Fabric. p. 286: ' *quis mihi ruricolas
aptabit carmine Musas et verni roseas titulabit floribus auras?*). Aehnlich erklärt sich od. IV. 7, 17 die Variante

> *quis scit an adiciant hodiernae crastina vitae*
> *tempora di superi?*

für das richtige **summae** aus der beigefügten Interpretation **summae vitae**, vielleicht mit Beziehung auf I, 4, 15 *vitae summa brevis.*
Die alten Erklärer fassten aber **verni que iam nimbis remotis** =
nachdem das Frühjahrsregengewölk zuvor entfernt war. Dafür spricht
noch die Notiz des Scholiasten: *vernique, ut ruit imbriferum ver,*
die nicht geändert werden darf, ebenso die in einem Codex beigeschriebene Erklärung: *vernali tempore transacto.* Erst später nahm
man an verni = veris Anstoss und versuchte **vernis que iam nimbis remotis.** Dass der Begriff überhaupt unnöthig und störend in
dieser Fassung sei, fühlte man nicht; ebenso wenig sahen neuere
Erklärer die Unmöglichkeit der Verbindung von **verni venti** ein:
on a cru que c'était l'épithete naturelle de venti et s'en est tenu là.
Zunächst sagt der Lateiner wohl **vernae aurae**, aber nicht **verni
venti**, ebenso wie wir **Frühlingslüfte**, und nicht **Frühlingswinde**
sagen. Aber wäre diese Verbindung auch möglich, was könnte den
Dichter bewogen haben, das kräftig malende **venti paventem**,
Worte, die in ihrem stark adlitterirenden Verbande wie der Flügel-
schlag des Adlers rauschen (man erinnert sich an eine ähnliche,
aber in der Wirkung verschiedene Malerei des Aeschylus im Agam. 52:
πτερύγων ἐρετμοῖσιν ἐρεσσόμενοι), durch das zartgedachte **verni** zu
schwächen? Und zu allen diesen Gründen nun, die das Wort ver-
dächtig machen, kommt eine neue Beobachtung, die uns die Gewissheit verschafft, dass wir es hier mit einer Verderbung zu thun haben. In der episch aufgerollten, dreifach gestuften (vergl. Sanadon:
*rien n'est plus naturel que cette gradation. Elle est marquée non seu-
lement par les actions, mais encore par les termes, docuere, demisit,
egit)* Schilderung kann neben **mox** und **nunc** das **primum** nicht
fehlen. Horaz schrieb:

> **primi**que iam nimbis remotis.

Vergl. Sil. Ital. XIV, 594:

> *vim primi sensere canes, mox nubibus atris*
> *fluxit deficiens penna latente volucris,*
> *inde ferae silvis sterni;*

und Prop. II, 4, 5:

> *sic primo iuvenes trepidant in amore feroces,*
> *dehinc domiti, post haec aequa et iniqua ferunt;*

oder Petron. ed. Büch. p. 8:

> *det primos versibus annos*
> *Maeoniumque bibat felici pectore fontem;*
> *mox et Socratico plenus grege mittat habenas*
> *liber et ingentis quatiat Demosthenis arma.*
> *hinc Romana manus circumfluat et modo Graio*
> *exonerata sono mutet suffusa saporem;*

und ebendas. p. 215: *primus — mox — hinc.* Horaz scheint im letzten Gliede absichtlich **nunc** für **hinc** gesetzt zu haben, um die Schilderung lebhafter werden zu lassen. Oder sollte ursprünglich **hinc** gestanden haben?

Die folgende Strophe lautet:

> *qualemve laetis caprea pascuis*
> *intenta fulvae matris ab ubere*
> *iam **lacte depulsum** leonem*
> *dente novo peritura vidit:*

Die schwierige Stelle verdient eine genaue Untersuchung. Zunächst gehört, wie Gedanke und Wortstellung andeuten, **fulvae matris ab ubere** in eine Reihe mit **qualemve leonem** = oder dem Löwen gleich, den von der Brust der gelben Mutter her, d. h. **herkommend** oder **frisch** von der Mutterbrust her (conf. unten 54: *gens, quae cremata fortis ab Ilio* und III, 17: *retusto nobilis ab Lamo* und noch deutlicher Tac. hist. II, 92: *praeposuerat praetorianis Publium Sabinum a praefectura cohortis* = nachdem er praefectus cohortis gewesen," ebenso Liv. XLIV, 34: *ab his praeceptis concionem dimisit* = *post haec praecepta*, nur mit dem Unterschiede, dass ab die unmittelbare Aufeinanderfolge stärker hervorhebt, conf. Krüger, L. Gr. §. 376, 2.). Zu fulvae matris ab ubere (= statim post relictam matrem oder wie Virg. Georg. III, 187: *iam primo depulsus ab ubere*) tritt nun noch hinzu iam lacte depulsum. Depellere ist ein terminus technicus bei der Viehzucht = „absetzen" in dem Sinne von „entwöhnen"; conf. Virg. Ecl. VII, 15: *depulsos a lacte domi quae*

clauderet agnos und Ecl. III, 82: *dulce satis humor, depulsis arbu-
tus haedis,* auch *infantes firmiores necdum tamen lacte depulsos* bei
Sueton in Tiberio c. 44 und andere Beispiele bei Bentley. Natürlich
kann depellere auch in anderer Bedeutung stehen, z. B. Virg. ecl. I, 20:
quo saepe solemus pastores ovium teneros depellere fetus = „hinabtrei-
ben" (oder vielleicht auch = „absetzen" in dem Sinne von „ver-
kaufen"). Synonyme mit depellere = „entwöhnen" sind reprimere und
und removere: Gegensätze adprimere, admovere, conf. Virg. Aen. IV, 367:
Admorunt ubera tigres. Fassen wir jetzt unsere Stelle von neuem
ins Auge: „oder dem Löwen gleich, den das Reh auf üppige Weide
bedacht von der Brust der gelben Mutter her als einen bereits der
Milch entwöhnten erblickt, bestimmt von seinem jungen Zahne zu
fallen." Das wäre zunächt die natürliche Erklärung der Worte. Sie
ist aber auch die nothwendige. Horaz durfte nicht einfach sagen:
„ dem Löwen gleich, den das Reh als einen bereits der Mutterbrust
entwöhnten erblickt." Diese kurze Schilderung hätte der breiten
Ausführung oben gegenüber nicht genügt, er erweitert darum auch
hier geschickt die Beschreibung: ein j u n g e r Löwe, aber doch bereits entwöhnt: sein e r s t e r Angriff gilt einem Reh, das er u n v e r-
h ü t e t überfällt, um es d e n t e n o v o zu zerreissen. Welche Fülle
der Schilderung bei aller Gedrängtheit! Wie klar und fasslich der
Gedanke! Und doch nehmen wir mit Bentley und den besten Erklärern Anstoss an der Richtigkeit der Ueberlieferung. Die Construction ist u n l a t e i n i s c h. Kein Prosaiker, geschweige ein Dichter wie
Horaz, wird schreiben caprea leonem fulvae matris ab ubere iam lacte
depulsum vidit, einmal darum nicht, weil das hiesse: „einen von der
Mutterbrust her bereits der Milch entwöhnten Löwen," und zweitens
auch darum nicht, weil die Sprache gerade in solchen Fällen den
ablativ absolutus anzuwenden pflegt, also entweder caprea iam lacte
depulsum relicta matre leonem vidit oder caprea ab ubere matris
i a m l a c t e d e p u l s o leonem vidit. Und so schrieb denn auch an
unserer Stelle Horaz in vollster Uebereinstimmung mit oben

> *nido l a b o r u m propulit i n s c i u m*
> *primique i a m n i m b i s r e m o t i s*
> *i n s o l i t o s docuere n i s u s*

und

> *intenta f u l v a e m a t r i s a b u b e r e*
> *i a m l a c t e* **depulso** *leonem*
> *d e n t e n o v o peritura vidit.*

Die Uebereinstimmung liegt in den unterstrichenen Stellen. Ausserdem achte man auf das zwischengestellte iam (ebenso Ter. And. I, 2, 10: *sperantes iam amoto metu*).

Mit iam lacte depulso vergleiche Paulin. ad Nicetam bei Fabricius poet. vet. eccles. opera p. 853:

> *te reposcentes ut ager levandis*
> *cum satis imbrem sitit, utque molles*
> *cum suas matres vituli represso*
> *lacte requirunt;*

auch Lucan. Phars. IV, 314:

> *rituque ferarum*
> *distentas siccant pecudes et lacte negato*
> *sordidus exhausto sorbetur ab ubere sanguis.*

Um nicht allzuweitläufig in der Begründung einer evidenten Conjectur zu sein, bemerke ich nur noch, dass depellere durchweg synonym mit reprimere und removere (= „beseitigen", ἀπωθέω) vorkommt. Einige Beispiele genügen, Horat. Epist. I, 10, 38: non *frenum depulit* ore und Sat. II, 7, 74: *iam vaga prosiliet frenis natura remotis.* Caesar de bello gall. VII, 8: *represso iam Lucterio et remoto* —. Cicero: *duobus huius urbis terroribus depulsis.* Bei Quintil. inst. or. V proem. hat der neue Herausgeber mit Unrecht die Lesart des cod. Bamberg. verschmäht: *quia iudicem — depelli misericordia non oporteret.* Man vergleiche nur Terent. Adelph. III, 2, 9: *neque illum misericordia repressit.*

Es dürfte nicht uninteressant sein, bei dieser Stelle einen Ueberblick über die Emendationsversuche der neueren Kritiker zu geben, die, durch Bentley in eine falsche Bahn geleitet, sich vergebens bemüht haben, das Richtige herzustellen. Bentley nemlich, der das Verderbniss der Stelle fühlte, merkte doch nicht, dass es in der Construction zu suchen sei, und gerieth darauf, ein durchaus richtiges Wort zu ändern. Er schlug vor iam mane depulsum oder auch iam sponte depulsum. Ebenso wenig Beifall fand Lachmann's Aenderung iam (mactel) depulsum. Noch schlechter war Pauly's lactante depulsum; Linker schrieb non ante depulsum, und wiederholte damit, wahrscheinlich ohne es zu wissen, den verfehlten Versuch von Clerk, spec. I in Lucan. p. 5. Einer kam auf iam iamque depulsum und Horkel meinte sogar mit iam tacta dep. das Richtige getroffen zu haben. Meineke dagegen begnügte sich in der Gewissheit, dass die Wahrheit noch noch nicht gefunden sei, iam lacte †depulsum zu ediren.

Ueberblicken wir jetzt noch einmal im Ganzen die hergestellten Strophen, um eine neue Bemerkung daran zu knüpfen:

Qualem ministrum fulminis alitem,
cui rex deorum regnum in avis vagas
permisit expertus fidelem
Iuppiter in Ganymede flavo,

5 *olim iuventas et patrius vigor*
nido laborum propulit inscium;
primique iam nimbis remotis
insolitos docuere nisus

venti paventem, mox in ovilia
10 *demisit hostem vividus impetus,*
nunc in reluctantes dracones
egit amor dapis atque pugnae;

qualemve laetis caprea pascuis
intenta fulvae matris ab ubere
15 *iam lacte* **depulso** *leonem*
dente novo peritura vidit:

In qualem ministrum bis propulit inscium ist der Hauptgedanke enthalten; die Worte primique bis pugnae schieben sich parenthetisch ein und führen selbständig und ausserhalb der angefangenen Construction stehend die Schilderung weiter. Das auf keinen bestimmten Zeitabschnitt gehende, lediglich dem Gleichniss angehörige olim (conf. Sat. I, 1, 25; epist. I, 10, 42; Ovid. metam. XIV, 429: *ut olim carmina iam moriens canit exequialia cygnus.*) steht in gar keiner Beziehung (was die Erklärer fälschlich annehmen, z. B. Nauck: *olim und iam, mox und nunc gehören je zwei zusammen*) zu dieser Parenthese. An den Hauptgedanken selbst knüpft der Dichter mit der vierten Strophe wieder an. Nur ganz beiläufig will ich noch bemerken, dass Peerlkamp, der dieses Gedicht sehr verkehrt behandelt hat, zu laborum inscium die Bemerkung macht: *labores aquilae Horatius, credo, non dixisset. Factus videtur hic versus ex sequenti, docuere nisus insolitos.* Man sieht, er fasst irrthümlich mit einigen Interpreten labores synonym mit insolitos nisus. Auch Lachmann in meinen Notizen theilt diese Ansicht, fügt aber selbst verwundernd die Worte hinzu: „aber macht denn dem Vogel das Fliegen so ungeheuere Mühe?" Gewiss nicht. Das wussten die Alten auch: ὁ μὲν ὄρνις ἄπτερος τῶν ᾠῶν ἔξεισιν, ταχέως δὲ πτεροῦται καὶ περὶ τὸν ἀέρα ἀναστρέφεται, μηδένα μόχθον ὑπομένων, bemerkt ein Scholiast zum Gregor. von Naz. (ed. Migne IV, p. 653). Die Erklärung ist also falsch; laborum inscium ist ganz allgemein gesagt (ähnlich Virg. Georg. II, 372 vom Weinstock: *praecipue dum frons tenera imprudensque laborum*) und steht wieder in gar keiner Beziehung zu dem in der Parenthese gelesenen nisus.

Horaz liebt Ausführungen der Art, die sich, ohne dass sie den beabsichtigten Gedankengang weiter stören, gleichsam parenthetisch in die Construction hineindrängen. Das Verkennen dieser Eigenthümlichkeit hat nirgends mehr geschadet, als im Anfange der ersten Ode an Mäcenas. Dort stehen die Worte *metaque fervidis* bis *evehit ad deos* (ebenso wie hier *primique iam nimbis* bis *pugnae*) gleichsam für sich und parenthetisch zwischen *sunt quos — iuvat* und dem achten Verse *hunc si mobilium turba Quiritium*, womit der Hauptgedanke wieder aufgenommen wird. Im richtigen Vortrage ergänzt sich iuvat von selbst dazu. Die Parenthese muss dort ebenso wie an unserer Stelle tiefer und schneller gesprochen werden; beide Male dient sie der lebhaft malenden Schilderung: *il n'est donné qu'aux grands maîtres de copier de si près la nature. Lucrèce, Virgile et Horace ont cet avantage par dessus tous les autres poëtes.*

Die Fortsetzung der Ode lautet:

> *videre* **Raetis** *bella sub Alpibus*
> *Drusum gerentem Vindelici; quibus*
> *mos unde deductus per omne*
> 20 *tempus Amazonia securi*
>
> *dextras obarmet, quaerere distuli:*
> *nec scire fas est omnia; sed diu*
> *lateque victrices catervae*
> *consiliis iuvenis* **revictae**
>
> 25 *sensere quid mens, rite quid indoles*
> *nutrita faustis sub penetralibus*
> *posset, quid Augusti paternus*
> *in pueros animus Nerones.*

ü

In den Handschriften ist überliefert:

videre **Raeti** *bella sub Alpibus*
Drusum gerentem Vindelici;

aber schon Bentley hat gezeigt, dass vielmehr

videre **Raetis** *bella sub Alpibus*
Drusum gerentem Vindelici

geschrieben werden muss. Die Erklärer, welche die überlieferte
Schreibung für richtig halten, nehmen an, dass der Dichter, wie es
später wirklich geschah, die Vindelicischen Räter für ein
Volk gehalten habe, aber diese Annahme ist darum irrig, weil zu
Lebzeiten des Horaz noch beide Völker genau unterschieden wurden.
Die Vindelicer, welche den nördlichen Theil des zwischen Nori-
kum und Gallien gelegenen Landes inne hatten (während die Räter
den südlichen bewohnten) waren bei ihrem Einfalle in Oberitalien
wahrscheinlich über den Brenner die Etsch entlang bis in die Gegend
von Tridentum (der später angelegten römischen Militaircolonie) vor-
gedrungen, wo ihnen der von Augustus entsandte junge Drusus
entgegentrat und sie in die Flucht schlug. Und zwar **Raetis** sub
Alpibus: einen Theil der Rätischen Alpen nemlich bildeten die
Tridentinischen Berge, wo, wie Dio Cassius lib. 54, 22 genauer
berichtet, der eigentliche Ort der Schlacht war: περὶ τὰ Τριδέντινα ὄρη
συμβαλὼν διαταχέως ἐτρέψατο. Ich kann mir ersparen, weitläufiger auf
die Rechtfertigung der Bentley'schen Emendation einzugehen, weil ich
sehe, dass sich vor kurzem noch Middendorf (Programm, Münster
1861) dieser Aufgabe mit grosser Umsicht unterzogen hat, worauf ich den
Leser verweise. Aber bemerken will ich doch, dass die Correctur Raetis sogar durch einige Codices bestätigt worden ist. Ausserdem findet
sich schon in den Handschriften der Versuch **et** Vindelici (ähnlich oben
p. 47 **et** manes), worüber Bentley bemerkte: *multa tamen huic emen-
dationi adversa sunt: nullus liber paullo vetustior coniunctionem* **et**
agnoscit: tum et historia ipsa refragatur. Non enim et R a e t i *et* V i n d e-
l i c i *videre Drusum bellantem; quippe Drusus Vindelicos tantum, Raetos
Tiberius aggressus est.* Und Middendorf a. a. o. p. 11: „Dass Drusus
es im Anfange des Krieges vorzüglich mit den Vindelicern zu thun
hatte, ergiebt sich mit Bestimmtheit aus der vierzehnten Ode, wo
die Bezwingung der Vindelicer durch Drusus einem Siege des
Tiberius über die Räter geradezu gegenübergestellt und die beiden
nach der Ansicht des Dichters bedeutendsten Vindelicischen

`Völkerschaften, mit denen es Drusus zu thun hatte, die G e n a u n e r und B r e u n e r [Strabo IV p. 206 unterscheidet diese und nennt sie I l l y r i e r, conf. Diefenbach, orig. europ. p. 72.] ausdrücklich genannt werden." Uebereinstimmend damit berichtet uns Vell. Pat. II, 95 die Unterwerfung beider Völker durch Drusus und Tiberius folgender Maassen: *reversum inde Neronem Caesar haud mediocris belli mole experiri statuit,' adiutore operis dato fratre ipsius Druso Claudio, quem intra Caesaris penatis enixa erat Livia. Quippe uterque* **divisis partibus** *Raetos Vindelicosque adgressi, multis urbium et castellorum oppugnationibus nec non directa quoque acie feliciter functi, gentis locis tutissimas, aditu difficillimas, numero frequentis, feritate trucis maiore cum periculo quam damno Romani exercitus, plurimo cum earum sanguine perdomuerunt.*

Eine neue, noch nicht gehobene Schwierigkeit bietet die sechste Strophe. Dass die handschriftlich am besten bezeugte Lesart r e v i c t a e unrichtig sein müsse, begriff Bentley, der die Variante r e p r e s s a e aufnahm. Hierin folgten ihm Peerlkamp und Lachmann, wie ich aus meinen Anmerkungen sehe. Aber r e p r e s s a e sowohl wie r e p u l - s a e oder r e d u c t a e oder gar r e i e c t a e (was metrisch falsch ist) sind nur Versuche das ganz verkehrte r e v i c t a e entweder zu beseitigen oder zu erklären. Man hätte diese Synonyma noch vermehren können, z. B. durch refusae: r e p u l s a e und r e p r e s s a e waren jedenfalls gut gewählt, wie Cic. de prov. cons. XIII, 32 zeigt: *b e l l u m Gallicum, patres conscripti, C. Caesare .imperatore g e s t u m e s t, antea tantum modo r e p u l s u m. Semper illas nationes nostri imperatores r e f u t a n d a s potius b e l l o quam lacessendas putaverunt. Ipse ille C. Marius, cuius divina atque eximia virtus magnis populi Romani luctibus funeribusque subvenit, influentes in Italiam Gallorum maximas copias r e p r e s s i t, non ipse ad eorum urbes sedesque penetravit.* Aber der durch repressae oder repulsae oder auch revictae (= r e f u t a t a e b e l l o) erzielte Gedanke lag nicht im Sinne des Dichters: er hatte oben mit Nachdruck geschrieben *videre Raetis b e l l a sub Alpibus Drusum g e r e n t e m Vindelici,* und durfte nun nicht hinzufügen: *sed diu lateque victrices catervae consiliis iuvenis r e p r e s s a e,* wie selbst Cicero zu Anfange der vorher citirten Stelle beweisen kann. Die sichere Emendation muss sich aus der richtigen Erklärung von consiliis ergeben. Man übersetzt: die weit und breit siegreichen Schaaren durch d i e K l u g h e i t des Jünglings zurückgeworfen —, was doppelt unrichtig ist; denn einmal hätte Horaz dann c o n s i l i o iuvenis

schreiben müssen, wie Sarbievius in der Nachahmung dieser Stelle
that, Lyric. lib. IV, 8, 25:

> olim revictos *c o n s i l i o* dolos
> dicam Plaueni. cetera distuli
> nondum ausus Amphion perennes
> cantibus aedificare muros;

und ausserdem hätte der Dichter unmöglich fortfahren können:
sensere, quid m e n s, rite quid i n d o l e s. Darum war es ein glück-
licher Gedanke consilia = στρατηγήματα zu fassen (vergl. die Stellen
bei Orelli und im Vellejus Pat. II, 18: *Mithridates, Ponticus rex —
bello acerrimus, virtute eximius, aliquando fortuna, semper animo maxi-
mus, c o n s i l i i s dux, miles manu —).* Aber man hätte noch weiter
gehen und consiliis in concretem Sinne geradezu = insidiis nehmen
müssen (conf. Quint. V, 10, 37: *spectatur enim ad fidem probationis,
montanus an planus, maritimus an mediterraneus, · consitus an incultus,
frequens an desertus, propinquus an remotus, opportunus c o n s i l i i s an
adversus, quam partem videmus vehementissime pro Milone tractasse
Ciceronem).* Sofort springt die Richtigkeit einer halbverschollenen
Lesart **revinctae** ins Auge, die Lambin und Torrentius anführen,
ohne sie zu verstehen; ich hatte sie längst durch Conjectur eingesetzt,
ehe ich wusste, dass dieselbe überliefert ist. Uebersetze: „aber die
weit und breit siegreichen Schaaren im Hinterhalte des Jünglings verstrickt," oder kühner und poetischer: „im Kriegsnetze verstrickt,
das der Jüngling ihnen gestellt, fühlten, was Verstand — —." Mit
dem Ausdrucke selbst vergleiche Valer. Flacc. Arg. VI, 418: *sed im-
plicitos m i s e r a que in p e s t e revinctos confodiunt.* Der leichte
Schreibfehler revictae statt revinctae, der aus bekanntem Grunde
immer in den Handschriften wiederkehrt, traf hier zusammen mit
der ferner liegenden Bedeutung von consiliis = insidiis und rief nach
und nach eine Menge Verbesserungsversuche hervor, die keine Hülfe
verschafften, weil sie das Uebel nicht erkannten.

Eine ähnliche Stelle findet sich Cic. or. pro Milon. XXIV, 64,
wo Kritik und Erklärung bis jetzt sich vergeblich abmühte: *scutorum,
gladiorum, f r e n o r u m pilorumque etiam multitudo deprehendi posse in-
dicabatur.* In den Handschriften schon finden sich Versuche für **frenorum**, was die meisten Herausgeber für verderbt halten, ein anderes
Wort zu substituiren, z. B. sparorum. Neuere Kritiker hielten fer-
ramentorum für passend. Aber die Lesart frenorum ist durchaus

richtig, nur bedarf sie der Erklärung, denn neben scuta und gladii einerseits und neben pila andererseits scheinen „Pferdegebisse" allerdings nicht am Platze zu sein, man muss frena im concreten Sinne = „Streitrosse" (ἵπποι πολεμισταί) fassen. Vergl. Stat. Theb. XI, 245:

> frater muris circum omnibus instat,
> portarumque moras frenis adsultat et hastis;

und ausserdem Prop. V, 10, 19:

> idem eques et frenis, idem fuit aptus aratris.

Aber kehren wir zu Horaz zurück. Die grosse Anzahl der oben angegebenen Varianten (repressae, repulsae, reiectae, reductae) ist ein Beweis, dass man (ähnlich wie bei Ovid. metam. IX, 74: domui domitamque perussi .mit den Varianten peremi, redegi, resolvi, revinxi, repressi) lange nach dem richtigen gesucht hat. Die echte und einfache Lesart consiliis iuvenis revinctae verschmähte man, weil die richtige Einsicht fehlte. Ebenso ist es od. I, 12, 31 mit der Lesart:

> et minax (sic di voluere) ponto
> unda recumbit,

ergangen, wozu sich eine ganze Sammlung von Varianten in den Handschriften findet:

> quod sic voluere
> nam sic voluere
> cum sic voluere
> qui sic voluere
> qua sic voluere

Man merkte nemlich nicht, dass Horaz hier diese Formel, ebenso wie epod IX, 3: sic Iovi gratum, etwas abweichend von dem gewöhnlichen Gebrauche („sic di voluere tum dicimus, quum aliquid miramur vel dolemus, quod quare fieri debuerit, non plane intelligimus, sed mortales in deorum voluntate acquiescimus.") angewendet habe. Und ausserdem stiess man sich, wie unsere Erklärer noch heute, an dem Ausdrucke di = pueri Ledae. Endlich illud quoque, wie Cuningham schon bemerkt, eos ad interpolandum videtur impulisse, quod particulam, quam grammatici causalem vocant, hic deesse existimabant. Sed parum bene: illa enim particula saepe eleganter omittitur, et in hac formula fere semper, ut ex plurimis poetarum locis apparet.

Aus eben diesen Stellen geht auch hervor, dass nur *sic di* und nicht *di sic* die ursprüngliche Lesart ist.

Noch bleibt uns, ehe wir weiter gehen dürfen, eine andere kurze Bemerkung übrig. Die Worte

quibus
mos unde deductus per omne
tempus Amazonia securi

dextras obarmet, quaerere distuli:
nec scire fas est omnia; sed — —

sind von vielen Gelehrten mit einer gewissen Entschiedenheit für interpolirt erklärt worden. Und in der That haben diese Verse auf den ersten Blick etwas Anstössiges und darum überrascht es mich nicht, schon früher neben Guyet und Hardouin auch Faber und Sanadon und später sogar vor und nach Peerlkamp auch Buttmann, Struve, Lachmann und Meineke unter denen zu finden, die diese Stelle geradezu für unwürdig der Horazischen Poesie ansehen. Allein wer sich Mühe giebt, durch ernstes und unbefangenes Studium tiefer in die Oekonomie der Horazischen Oden einzudringen, wird erkennen, dass hier wie überall, so weit ich jetzt sehe, die Annahme einer Interpolation unbegründet und haltlos ist. Der Gedanke, der auf den ersten, oberflächlichen Blick matt und trivial erscheint, ist gewandt und klug berechnet, um absichtlich das hohe Pathos zu dämpfen und einen geschickten Uebergang zu gewinnen. Nur der richtige Vortrag kann hier wieder das richtige Verständniss geben. Fälschlich haben einige Erklärer nach Lambin's Vorgange (ähnlich wie oben bei **cui res** -— **flavo Ganymede** nach Henricus Stephanus) eine Parenthese angenommen: parenthetisch gesagt ist nur der kleine Zusatz nec scire fas est omnia; das folgende **sed** schliesst sich mit überraschender Wirkung an das überleitende **quibus unde** — **quaerere distuli** an. Man achte dabei wohl auf die Gedankengliederung dieser Ode: die ersten sechs Verse enthalten das Gleichniss vom Adler, woran sich in ebensoviel Versen parenthetisch eine selbstständige Ausführung anknüpft. Dann erst folgt kürzer und gedrängter, aber doch, wie wir gesehen haben, in reicher Zeichnung das Gleichniss vom Löwen in vier Versen; endlich mit der fünften, sechsten und siebenten Strophe der schön vorbereitete Grundgedanke in zwölf Versen, die sich ebenso wie die ersten drei Strophen, aber mit weniger fühlbarem Abschnitte wieder in zwei Hälften zu je sechs Versen zerlegen lassen. Möge es erlaubt sein, hier eine feine Bemerkung zu wiederholen, die Sanadon im Anfange der ersten Ode an Maecenas macht: *ce morceau est d'une grande beauté. La seule harmonie des vers porte dans l'imagination du lecteur une vive empreinte de l'action qui y est décrite.* Ich lebe der Hoffnung, dass besonnene Philologen nach diesen Andeutungen den Verdacht einer möglichen Fälschung solcher Compositionen aufgeben werden. Das entschiedene Verdienst aber, diese ganze Theorie für immer in Misskredit gebracht zu haben, gebührt Herrn Gruppe. Man lese nur nach, was er über dieses Gedicht abgehandelt hat um mir beizupflichten.

Der Dichter fährt fort:

> *fortes creantur fortibus et bonis;*
> 30 *est in iuvencis, est in equis patrum*
> *virtus, neque inbellem feroces*
> *'progenerant aquilae columbam:*

> *doctrina sed vim promovet insitam,*
> *rectique cultus pectora roborant;*
> 35 *utcunque defecere mores,*
> *indecorant bene nata culpae.*

Nur einige Bemerkungen sind hier nothwendig. Die richtige Beziehung der Worte et bonis hat schon Bentley gefunden und darnach die Interpunktion geändert. Lachmann in meinen Notizen macht die Note: „interpungirt man nach fortibus, so kommt zu iuvencis ein Epitheton, wohin es gar nicht gehört, dann vor est noch et bonis, und man erwartet auch bei equis ein Epitheton. Immer aber ist et in et bonis est lästig. Es handelt sich hier um die Väter, nicht um die Söhne. Da die Väter der Neronen fortes et boni waren, so müssen auch ihre Söhne so sein. Diese Strophe geht auf den Vater der gens Claudia, die folgende auf Augustus." Die richtige Interpunktion ist jetzt allgemein aufgenommen. Weniger bestimmt hat man sich in der neunten Strophe für die Verwerfung der am besten bezeugten Lesart dedecorant, die sogar Haupt beibehalten hat, entscheiden können. Und doch sind es auch hier wieder die geringeren Codices, die uns indecorant aufbewahrt haben, was der gute Geschmack des Horaz einzig und allein wählen konnte. Der Ausdruck dedecorant wäre zu stark gewesen.

Eine grössere Schwierigkeit bietet sich in den drei folgenden Strophen:

> *quid debeas, o Roma, Neronibus*
> *testis Metaurum flumen et Hasdrubal*
> *devictus et pulcher fugatis*
> 40 *ille dies Latio tenebris,*
>
> *qui primus alma risit adorea,*
> *dirus per urbes Afer ut Italas*
> *ceu flamma per taedas vel Eurus*
> *per Siculas equitavit undas.*
>
> 45 *post* **hoc** *secundis usque laboribus*
> *Romana pubes* **crevit,** *et impio*
> *vastata Poenorum tumultu*
> *fana deos habuere rectos.*

Peerlkamp macht zu der gewöhnlichen Lesart:

> *post h o c secundis usque laboribus*
> *Romana pubes c r e v i t,*

folgende Bemerkung: *Scholiastae interpretantur R o m a c r e v i t. Et bene diceretur R o m a crescere. Sed pubes R o m a n a Latine significare non potest R o m a m. Est enim e x e r c i t u s R o m a n u s, ex adolescentibus compositus, ut Tibull. I, 7, 5: novos pubes Romana triumphos vidit. Iam e x e r c i t u s c r e s c i t secundis laboribus, esset exercitus n u m e r o a u g e t u r. Latinum est R e s R o m a n a c r e v i t, non p u b e s R o m a n a. Ut Graece. Eurip. Suppl. 323 patria ἐν τοῖς πόνοισιν αὔξεται. Αἱ δ' ἥσυχοι σκοτεινὰ πράσσουσαι πόλεις. Et ut πόνοι, sic labor et labores in re militari appellantur omnia, quae toleratu sunt difficilia et gravia. Itaque dicuntur s a e v i, d u r i, m a g n i l a b o r e s, an item s e c u n d i, dubito.*

Die leichtfertige Annahme von Interpolationen in den Gedichten des Horaz hat hier wie an vielen anderen Stellen den scharfsinnigen Kritiker gehindert, den rechten Gebrauch von seiner Einsicht zu machen: mir war es gelungen, das wahrscheinlich Richtige herzustellen, ehe ich noch Peerlkamp's Anmerkung gelesen. Ueberlieferung, Zusammenhang und ebenso der weitere Verlauf der Rede deuten gleichmässig auf das Verderbniss hin. Zunächst bieten die Handschriften post hoc, per hoc, post haec und post hunc. Davon gehört post hoc einem Abschreiber, dem nicht einmal beifiel, dass Horaz vielmehr posthac geschrieben haben würde: per hoc (conf. IV, 15,

13: per quas Italae crevere vires.) und post haec sind kühnere Versuche das richtige post hunc in Uebereinstimmung mit crevit zu bringen. crevit selbst aber war, wie noch die διπλῆ περιεστιγμένη, welche Ritter aus dem codex Bernensis angemerkt hat, zeigt, durch Conjektur, wahrscheinlich für das verderbte pubes travit, eingefügt, natürlich mit Zuhülfenahme der unten folgenden Stelle:

> *non hydra secto corpore firmior*
> *vinci dolentem c r e v i t in Herculem.*

Zugleich legte man im Hinblick auf die Worte

> *per damna, per caedes, ab ipso*
> *ducit opes animumque ferro*

ungeschickter Weise hier dem Horaz schon in den Mund, was später Hannibal sagen musste. Daran war theilweise auch die ferner liegende Bedeutung von labor = Kampf (conf. IV, 3, 3 *labor Isthmius*) Schuld, die der Dichter durch das beigefügte secundis usque laboribus hinlänglich angedeutet hatte. Horaz schrieb nach meiner Vermuthung:

> *post* **hunc** *secundis usque laboribus*
> *Romana pubes* **stravit.**

Die ganze Stelle lautet jetzt: hinterdrein warf diesen in immer glücklichen Kämpfen zu Boden die römische Mannschaft, und emporrichteten die durch den gottlosen Krieg der Punier verwüsteten Tempel ihrer Götterbilder. Der geübte Leser wird fühlen, dass stravit und habuere rectos (= erexerunt, aber bekanntlich mit dem Unterschiede, dass die Umschreibung den Begriff der Dauer hervorhebt) sich gegenseitig fordern und bedingen, ebenso wird er den Zusammenhang der Worte, wodurch obige Correctur, die an der verdächtigen Ueberlieferung eine Stütze hat, am meisten begünstigt zu werden scheint, besonders in Erwägung ziehen. Ueber das Zeichen der Diple vergl. Gräfenh. Gesch. d. Phil. II, p. 97 und Isidor. orig. I, 20 ed. Gothof. p. 835. Der letztere bemerkt über ihre Bedeutung: *hanc antiqui in iis apponebant, quae Zenodotus Ephesius non recte adiecerat aut detraxerat aut p e r m u t a v e r a t; in iis et nostri ea usi sunt.*

Fortsetzung und Schluss der Ode lauten:

> *dixitque tandem perfidus Hannibal:*
> *50 cervi, luporum praeda rapacium,*
> *sectamur ultro, quos opimus*
> *fallere et effugere est triumphus.*

gens quae cremata fortis ab Ilio
iactata Tuscis aequoribus sacra
55 *natosque maturosque patres*
pertulit Ausonias ad urbes,

duris ut ilex tonsa bipennibus
nigrae feraci frondis in Algido,
per damna, per caedes, ab ipso
60 *ducit opes animumque ferro.*

non hydra secto corpore **firmior**
vinci dolentem crevit in Herculem,
monstrumve submisere Colchi
maius Echioniaeve Thebae.

65 *merses profundo, pulchrior* **evenit,**
luctere, multa proruet integrum
cum laude victorem, geretque
proelia coniugibus loquenda.

Carthagini iam non ego nuntios
70 *mittam superbos: occidit, occidit*
spes omnis et fortuna nostri
nominis Hasdrubale interempto.

nil Claudiae non p e r f i c i u n t *manus,*
quas et benigno numine Iuppiter
75 *defendit et curae sagaces*
expediunt per acuta belli.

Mit Unrecht sind die neueren Herausgeber von der auch bei
Bentley festgehaltenen Interpunktion vor d i x i t q u e abgegangen.
Ritter dagegen bemerkt einfach: *in principio enuntiati positum valet* d i x i t
q u o q u e. Das Richtige ist, dass dixitque hier „in transitu ad novam
rem" gesagt ist, wobei das überleitende q u e (ebenso wie im Griechischen τέ) die Wirkung einer natürlich sich ergebenden Folgerung
hat. Vergl. Madvig, ad Cic. de finib. p. 476.

Ein entschiedener Fehler scheint mir in den Worten

non hydra secto corpore **firmior**

zu stecken. Der Ausdruck ist niedrig und schmeckt nach einer Glosse.
Ich vermuthe, dass Horaz geschrieben hat

non hydra secto corpore **fortior**

Aehnlich findet sich Tibull. III, 2, 5 neben non ego fortis in hoc
in den besten Handschriften die Glosse non ego firmus in hoc.
Ueber das fein gewählte fortior vergleiche oben p. 13. Die kleine
Entstellung des poetischen Ausdruckes mag unbewusst mitgewirkt
haben, dass feine Kritiker, wie Struve (opusc. II, p. 417) und Meineke
die ganze Stelle verdächtigen zu müssen glaubten. Ich bekomme
vielleicht noch einmal Gelegenheit, die Hauptgrundsätze, worauf diese
bereitwillige Annahme von Interpolationen beruht, im Zusammenhange zu untersuchen. Niemand hat sie bündiger zusammengestellt,
als Dyckhoff in der p. 14 citirten Abhandlung: *triplex genus versuum
criticis suspectorum invenitur. Quae enim in illis leguntur aut ex historia (ut carm. I, 12, 37—44) aut ex mythologia (ut III, 11,
13—24) sumpta aut merae descriptiones rei antea indicatae sunt (ut
III, 17, 2—5).* Unter die mittlere Kategorie fällt unsere Stelle, die,
wie Struve schon bemerkte, wieder mythologische Elemente
enthält. Man beruft sich im Gegensatze zu diesen interpolirten
Oden auf die echten Gedichte des Horaz, denen ein solcher Prunk
fremd sei und vergisst dabei, das jene historischen und mythologischen Notizen, wie man sie nennt, ebenso wie die Beschreibungen eben ein charakteristisches Merkmal der Odenpoesie
sind. Horaz stand hier etwa in demselben Verhältniss, wie Klopstock, über den ein feiner Kenner bemerkt: „Die Tiefe der Empfin-
dung kann das Lied mit der Ode theilen; sie muss aber auch ausser
der Form noch etwas Anderes haben, wodurch sie sich bestimmt
vom Liede unterscheidet: Pracht, zu den Gedanken Bilder. Dieses
fühlte Klopstock und er nahm zu diesem Ende zu der alten nordi-
schen Mythologie seine Zuflucht." Von demselben Gesichtspunkte
aus müssen die historischen Anspielungen, die mythologischen Bilder
und die Beschreibungen im Horaz beurtheilt werden. Dass man sie,
was gleichfalls für ihre Unechtheit geltend gemacht worden ist, öfters
ausstreichen kann, ohne dem Sinn und der Verbindung Gewalt an-
zuthun, liegt in der Natur der Sache selbst. Einwürfe aber, wie
Struve und Meineke z. B. an unserer Stelle gegen den Inhalt erho-
ben haben, gehen über die Grenze einer erlaubten poetischen
Kritik hinaus. Solche Oden sind nicht für stille Leser, sie wollen
laut recitirt werden. Ihre Bilder und Gleichnisse wirken, ähnlich
der Dekorationsmalerei, im Grossen und aus der Ferne; wer nahe
hinzutretend und bis ins kleinste hinein die Zeichnung untersucht, wo
er nur die Pracht der Farben und den kühnen Geist des Gemäldes

bewundern sollte, thut dem Künstler Unrecht, der sich den Beschauer
eben auf einem anderen Standpunkte dachte.

Aber knüpfen wir lieber an die oben vorgeschlagene Aenderung
fortior noch eine kurze Bemerkung. Gewöhnliche und ungewöhnliche Ausdrücke wurden in den alten Autoren glossirt und die erklärende Interlinearbemerkung gerieth dann leicht in den Text, man
vergleiche z. B. III, 5, 25: *auro repensus* mit der Glosse redemptus
oder IV, 5, 31: *mensis adhibet deum* mit der Variante adrogat,
oder III, 26, 9: *o quae beatam diva tenes Cyprum* mit der Glosse
regis, oder endlich noch III, 5, 51: *dimovit obstantes propinquos*,
wo andere Handschriften, unter ihnen sogar ein Blandinius, obstantes
amicos lesen. Der müssige Erklärer gerieth auf diese unnöthige
Glosse, weil vorher interque maerentis amicos steht. Eine
übersichtliche Zusammenstellung dieser vereinzelten Thatsachen
unserer handschriftlichen Ueberlieferung wird uns Mittel an die
Hand geben, zahlreiche Stellen zu bessern, die äusserlich betrachtet
den meisten Lesern kaum Verdacht zu erregen scheinen. Ich habe
es vermieden in dieser Abhandlung darauf einzugehen, um nicht durch
eine scheinbar allzu grosse Kühnheit mir den Vorwurf der Willkühr
zuzuziehen. Ein Beispiel nur sei mir erlaubt schon jetzt hervorzuheben.
Ich vermuthe nemlich, dass Horaz I, 3, 17 geschrieben hat:

quem mortis **metuit** *gradum,*
qui siccis oculis monstra natantia,

qui vidit mare turbidum et
infamis scopulos Acroceraunia?

nequiquam deus abscidit
prudens Oceano dissociabili

terras, si tamen impiae
non tangendae rates transiliunt vada.

Das handschriftliche **timuit** kann schon darum nicht vom Dichter
herrühren, weil kaum vorher nec timuit praecipitem Africum gesagt ist. Aber metuit kann nicht, wie der Glossator meinte, Perfectum
sein, es muss neben vidit (wie transiliunt in umgekehrter Folge neben
abscidit) im Praesens stehen. Und so hat der Scholiast gelesen:
quem mortem, inquit, abhorrere potest, qui monstra maris et asper-
rima saxa sine lacrimis videre potuit? Die weitere Erwägung
der vorgeschlagenen Aenderung muss ich dem Leser überlassen; ich

will nur noch bemerken, dass die Stelle unmöglich interpolirt sein kann. Dieser Annahme steht die Gedankengliederung der Ode entgegen. Ihr ganzer Inhalt gruppirt sich (durch acht Strophen am Anfange und acht Strophen am Ende hindurch, die wieder in je zwei Hälften zerlegbar sind) um die vier Mittelstrophen, wovon die beiden ersten, die den allgemeinen Grundgedanken einleiten, durch timuit früher ungeschickt mit dem vorhergehenden illi, qui commisit primus verbunden waren.

Aber kehren wir nach dieser Unterbrechung wieder zur Kritik der oben behandelten Ode zurück. Die gewöhnliche Schreibung

merses profundo, pulchrior **evenit,**

ist so unüberlegter Weise bis jetzt festgehalten, dass man nicht einmal die unrichtige Interpunktion gemerkt hat; es muss zunächst heissen:

merses, profundo pulchrior **evenit,**
luctere, multa proruet integrum —

Ausserdem nimmt man dabei an, dass Horaz, der concinneste aller Dichter, kein Futurum habe finden können, welches mit proruet und geretque zusammenstimmend in den Vers gepasst hätte. Nur einige Kritiker sind weiter gegangen und haben neben evenit wenigstens proruit hergestellt, wodurch die Armuth des Ausdrucks minder fühlbar gemacht wird. Diese letzteren verdienen Lob, weil sie wenigstens Sinn für die Gleichmässigkeit und Richtigkeit der lateinischen Rede zeigten, freilich ohne die consequente Kühnheit, mit Bentley zugleich auch trotz loquenda geritque herzustellen. Ich halte die in einigen Handschriften überlieferte Variante **exiet** für das Richtige. Damit stimmt die Erklärung des Comm. Cruquii: *si mersaveris, profundo pulchrior, id est, fortior emerget. merso, as, ut fluvio mersare salubri.* Das Scholion des Acro ist absichtlich verändert: *si mersaveris Romanum, fortior fit; ita autem hoc verbum declinatur: merso, mersas, ut (Georg. I, 272): fluvio mersare salubri.* Ueber pulchrior = fortior vergleiche Peerlkamp zu dieser Stelle und zu Virg. Aen. VII, 656, vol. II, p. 61 seiner Ausgabe: *viri pulchritudo unice fere spectabatur in robusto corpore, latis humeris, forti pectore. Hinc pulcher et fortis vir sunt vicinae notiones.*

Was die Form exiet selbst angeht, so bemerkt Lucian Müller in seinem Buche de re metrica pag. 403: *tum classicos inter poetas cum admisisset Tibullus transiet (1, 4, 27) — similes in pedestri sermone apud Senecam (velut de benef. II, 1, 2 iniet, quaest. nat. III, 10, 4 trans-*

*i e t) identidem formas optimis adseri codicibus auctor est Haasius —, eadem
futuri species haud ita' paucis christianorum probatur exemplis.* Conf.
auch Huschke zu Tibull. II, pag. 707. Die Annahme, dass Horaz,
der IV, 11, 8 spargier und epod. III, 3, 3 edit schrieb, um anderes
zu übergehen, diese Formen nicht gebraucht, ist wenig wahrscheinlich. Der Bedeutung nach scheint mir e x i r e (= „hervor-
g e h e n") fein und gewählt zu sein; ähnlich sagt Petron. ed. Büch.
p. 227:

> *ecce recurrentes qua versat fluctus arenas,*
> *discolor adtrita calculus exit humo.*

Damit synonym, aber weniger gewählt ist e v e n i r e (= „hervorkom-
m e n"), z. B. Colum. IV, 32, 2: *tota arundo serius praedicto tempore
evenit.* Ganz vom richtigen Wege ab irrte der Erklärer, der pulchrior e v e n i t = pulchrior fit zu fassen versuchte.

Noch mehr wird die Nothwendigkeit des Futurums e x i e t bei
der genauen Betrachtung der Schlussstrophe einleuchten, die natürlich
nicht zur Rede des Hannibal mitgehört: Horaz schrieb, um seine
Worte bestimmter von dem vorhergehenden abzugrenzen und zugleich
Nachdrucks halber:

> *nil Claudiae non* **perficiunt** *manus.*

Schlechte Abschreiber, die begreiflicher Weise keine Zeit hatten, den
Zusammenhang genauer zu erwägen, schrieben p e r f i c i e n t, weil
sie oben e x i e t, p r o r u e t, g e r e t q u e und m i t t a m gelesen, ·und
verbanden diese Worte mit der Rede des Hannibal. Man hüte sich
das lächerlich zu finden, was neuere Kritiker auch gethan haben.
Aber mit Recht bemerkt Peerlkamp: *Hannibalem haec de Claudiis
facere augurantem, est ignorare ingenium Poeni.* Den holländischen
Kritiker selbst, der diese letzte Strophe für interpolirt erklärt, trifft
freilich der härtere Vorwurf, hier wieder, wie auf jeder Seite beinahe, nicht nur den Dichter verkannt, sondern sich geradezu gegen
die Poesie versündigt zu haben. Wie hätte Horaz das Gedicht ohne
die Schlussstrophe (vergl. III, 3, 69—72) für vollendet erachten können!

Die vorliegende P r o b e e i n e r neuen H o r a z r e z e n s i o n wurde
im October 1862 vollendet und kurze Zeit darauf dem Verleger-über-
geben. Zufällige Umstände verzögerten den Druck bis zum März 1863.

Ich habe es trotz dieser Unterbrechung nicht über mich vermocht, das einmal hergerichtete Manuscript zu vermehren oder zu verbessern. Unbedeutende Aenderungen abgerechnet ist der ursprüngliche Entwurf der Abhandlung, die ich erst bei der Revision der Druckbogen wieder zu Gesicht bekam, ganz so geblieben, wie er war. Doch hoffe ich auch so im Allgemeinen brauchbare Beiträge zur Kritik des Horaz gegeben zu haben. Nicht auffallend dagegen kann es sein, wenn ich in diesem Anhange einige

Zusätze und Berichtigungen

mache, die nach einer Zwischenzeit von beinahe sechs Monaten nothwendig geworden sind. Ich will die Bemerkungen der Reihe nach folgen lassen.

Seite 10. unten. Mit hinc ad fida redit vergleiche noch IV, 4, 36: *indecorant bene nata culpae.*

Seite 12. Dem Leser wird es nicht entgangen sein, dass ich die Aenderung cursantem spatio longius annuo mit aller möglichen Vorsicht gegeben habe. Ich bin jetzt sogar geneigt cunctantem für richtig zu halten. Uebrigens bemerkt auch Lachmann in den pag. 54 angeführten Aufzeichnungen: „cunctantem ist eigentlich etwas sonderbar: das Freiwillige, das es sonst hat, ist wohl nicht darin. Es geht wohl eher auf den Ort als auf die Zeit."

Seite 18. An mutata veste, das früher auf die Fortuna bezogen wurde, nahm schon Le Clerk (ad Lucan. pag. 53) Anstoss, der mutata mente vorschlug.

Seite 20. In dem Citat aus Ovid. pont. I, 9, 15 ist ein Druckfehler stehen geblieben; man lese *reliquit, Maxime, Fortunae* u. s. w.

Seite 24. Die für imo tollere de gradu vorgeschlagene Aenderung kann ich kaum noch für wahrscheinlich halten. Vielmehr scheint die handschriftliche Ueberlieferung richtig zu sein; mit mortale corpus = hominem lässt sich vielleicht Aeschyl. Prom. v. 464 vergleichen:

$$\sigma\acute{\omega}\mu\alpha\sigma\acute{\iota}\nu \; \vartheta' \; \delta\pi\omega\varsigma$$
$$\vartheta\nu\eta\tau o\tilde{\iota}\varsigma \; \mu\epsilon\gamma\acute{\iota}\sigma\tau\omega\nu \; \delta\iota\acute{\alpha}\delta o\chi o\iota \; \mu o\chi\vartheta\eta\mu\acute{\alpha}\tau\omega\nu$$
$$\gamma\acute{\epsilon}\nu o\iota\vartheta'.$$

Seite 41. Es ist von Wichtigkeit, dass auch die Scholiasten, was ich zu bemerken übersehen habe, nicht unsere Vulgata quo pater Aeneas, quo Tullus dives et Ancus vor sich hatten. Acro macht die Bemerkung: *Tullus et Ancus reges Romani fuerunt, per quos* *ostendit mortem potentibus et pauperibus communem esse.* Und Porphyrio: *hoc ideo dicit ut ostendat conditionem mortalitatis omnibus hominibus communem esse.* Damit stimmt auch der Commentator Cruquii überein: *per Aeneam, Tullum et Ancum vult ostendere communem omnibus mortis conditionem.*

Seite 49. Schon Scaliger hat, wie ich in der Ausgabe von Parthenius finde, an iocosa imago Anstoss genommen.

Seite 52. Die durch meine Darlegung evident gewordene Vermuthung, dass Horaz sed palam **victis** gravis geschrieben habe, ist nicht von Peerlkamp, sondern von Torrentius zuerst ausgesprochen worden: *victor etiam non displicet, quamquam victis fortassis legendum sit.*

Seite 54. unten. Gruppe hat die Entdeckung gemacht, dass von den elf Strophen des sechsten Gedichtes im vierten Buche nur zwei (nemlich v. 1—4 und v. 25—28) echt sind. Schon vor Gruppe war Martin (Posener Programm, 1844) ungefähr zu demselben Resultate gekommen: *tot tantisque igitur vitiis cum laboret illa de Achille digressio, iure eam ab Horatio arbitror abiudicari, ut retineamus 1—4 et 25—28, quasi* προσόδιον *quoddam, breve illud quidem, sed concinnum et rotundum.* Vielleicht wird der Leser mir Dank wissen, wenn ich einmal eine Probe der Argumentation des Herrn Gruppe in diesen Anhang aufnehme. Im Minos, pag. 123 heisst es: *Das Echte besteht nur aus zwei Strophen und diese lauten:*

> *Dive, quem proles Niobea magnae*
> *Vindicem linguae Tityosque raptor*
> *Sensit et Troiae prope victor altae*
> *Phthius Achilles;*

> *Doctor argutae fidicen Thaliae,*
> *Phoebe, qui Xantho lavis amne crines,*
> *Dauniae defende decus Camenae,*
> *Levis Agyieu!*

Man braucht das Gedicht nur so herzustellen, um sogleich, auch ohne allen Beweis, die Zustimmung zu finden, wie mir denn diese von den ersten Kennern zu Theil geworden. So klein das Kunstwerk auch wird, so edel, so fein, so keusch ist es! Das Ganze bildet nur Einen Satz, nur Eine Anrede an den Apollo, wobei der Name Phöbus bis zuletzt aufgespart und mit einem malerischen Bilde, echt Horazisch, verbunden wird, im übrigen ganz hymnen- und gebetartig, mit kurzer Nennung der Werke des Gottes und in einfachster Aeusserung des Anliegens. Man wird geneigt, es auch auf die künftigen Schicksale des Dichters zu beziehen, und wir haben uns nicht versagen können, diesen Anruf an den Gott zum Motto unseres Buches zu machen; möchte es nur wirklich ein Beitrag sein zur Herstellung der ursprünglichen Schönheit des Dichters.

Seite 63. Der aus dem Agamemnon des Aeschylus entlehnten Stelle will ich eine Bemerkung beifügen. V. 7 bieten die Handschriften στένοντες οὐ λαχόντες ἥματος μέρος. Ich habe zunächst mit Sicherheit οὐ in ἂν verändert und für λαχόντες λάχοιμεν eingesetzt. Dabei bleibt allerdings die Möglichkeit bestehen, dass ursprünglich auch ἂν λαχόντες gestanden haben könnte, wie ich bei einer anderen Gelegenheit nachweisen werde. Die richtige Erklärung der Worte τῷδ' εἰκὸς ἡλίου φάει glaube ich in meiner Abhandlung de metris p. 23 aufgestellt zu haben; unnöthig aber war die ebenda vorgeschlagene Aenderung ποτωμένους für das durch Attraktion auf ἡμῖν bezogene (vergl. Krüg. Spr. 55, 2, 1 und 5) ποτωμένοις. ·

Uebrigens darf niemand der Ansicht sein, dass ich diese Stelle, so wie ich sie aufgenommen, für richtig halte. Im Aeschylus bleiben auf jeder Seite noch fast durchschnittlich ein Dutzend Correkturen übrig. Die Methode der Restitution ist dieselbe wie bei Horaz, nur dass die grössere Mannigfaltigkeit der Verderbung eine noch umsichtigere Handhabung der Kritik erfordert. Aber gestützt auf die genaue Kenntniss der ganzen Art und Weise dieser Ueberlieferung wird es uns dennoch nach und nach gelingen, die Fehler derselben zu heben. Die kleinsten Beobachtungen führen oft zu den glücklichsten Resultaten. Man wird mir gestatten, dafür einige Belege hier anzugeben. In den Handschriften des Aeschylus werden τις und ους sehr häufig verwechselt: das führte dazu, eine Reihe von Beispielen (z. B. Hiket. 76: βωμὸς ἄρους (für ἄρης) φυγάσιν) zu bessern, die ich theilweise de metris p. 24 zusammengestellt habe. Wahrscheinlich muss auch Hiket. 761 aus demselben Grunde πρὸς ὃν νέφους (für νέφη δ') ὑψηλὰ γίγνεται χιών geschrieben werden. Eine andere, an und für sich geringfügige Beobachtung ist, dass ευ und συν im Anfange der Wörter verwechselt werden; in dem vorhergenannten Stücke geschieht dies z. B. vier- oder fünfmal in Stellen, wo die Correktur (z. B. V. 170: συνωνύμων für εὐωνύμων und so auch umgekehrt sonst) unzweifelhaft ist. Wir werden dadurch in Stand gesetzt, die schwierige Stelle Ag. 428 mit Wahrscheinlichkeit so zu bessern:

7

οἱ δ’ αὐτοῦ περὶ τεῖχος
θήκας Ἰλιάδος γᾶς
σύμμορφοι κατέχουσιν.

i. e. „die aber haben dort um die Mauer herum die Gräber der Ilischen Erde inne, selber zu Erde geworden (eigentlich = γᾷ σύμμορφοι = gleichgestaltet der Erde)." Der Gedanke pulvis et umbra sumus ist echt antik. Vergl. Eurip. κατθανὼν δὲ πᾶς ἀνὴρ γῆ καὶ σκιά; und bei Soph. wird der todte Agamemnon γᾶ τε καὶ οὐδὲν ὢν genannt.

Jede Abweichung von der gewöhnlichen Redeweise ferner begünstigte, wie wir schon bei Horaz gesehen haben, natürlich auch hier die Möglichkeit der Verderbung. Darum lese ich z. B. Agam. 309—316:

τοὺς δ’ αὖτε νυκτίπλαγκτος ἐκ μάχης πόνος
νήστεις πρὸς ἀρίστοισιν ὧν ἔχει πόλις
τάσσει· πρὸς οὐδὲν ἐν μέρει τεκμήριον,
ἀλλ’ ὡς ἕκαστος ἔσπασεν τύχης πάλον,
ἐν αἰχμαλώτοις Τρωικοῖς οἰκήμασιν
ναίουσιν ἤδη τῶν ὑπαιθρίων πάγων
δρόσων τ’ ἀπαλλαγέντες· ὡς συναίμονες δ’
ἀφύλακτον εὐδήσουσι πᾶσαν εὐφρόνην.

Die Handschriften bieten ὡς δυσδαίμονες, was sich offenbar aus ὡς συναίμονες mit übergeschriebenem δ’ am besten erklärt. Der Gedanke: „wie Brüder aber werden sie zusammen unbewacht die ganze Nacht hindurch schlafen," scheint der passendste und wird auch durch πρὸς οὐδὲν ἐν μέρει τεκμήριον (vergl. damit Thucyd. I, 20: παντὶ ἑξῆς τεκμηρίῳ, wo Krüger mit Unrecht ändert) verlangt. Mit ἀλλ’ ὡς ἕκαστος vergl. Thucyd. VII, 54 im Anfange die ähnliche Verbindung: ἀλλ’ ὡς ἕκαστος τῆς ξυντυχίας — ἔσχεν. Man erwartet im Deutschen συνευδήσουσι, aber dies „zusammen", was wir in die Uebersetzung aufnehmen müssen, steckt schon in συναίμονες (hier, wie auch sonst meistens = Brüder). Ueber δὲ am Ende des Verses, wodurch der Fehler veranlasst ist, vergl. Hermann ad Hik. V. 739.

Uebrigens gelingen, wenn Beobachtungen dieser Art nicht ausreichen wollen, zuweilen auch wohl einer kühnen, aber darum doch methodisch gesicherten Kritik glückliche Würfe. Ich schreibe Hiket. V. 249—254 meiner Ausgabe jetzt:

Ἆπις γὰρ ἐλθὼν ἐκ πέρας Ναυπακτίας
ἰατρόμαντις, παῖς Ἀπόλλωνος, χθόνα·
τήνδ’ ἐκκαθαίρει κνωδάλων βροτοφθόρων,

τὰ δὴ παλαιῶν αἱμάτων μιάσμασιν

χρανθεῖσ᾽ ἀνῆκε γαῖα μηνύειν ἄγη,

δακόνθ᾽ ὅμιλον, δυσμενῆ ξυνοικίαν.

Die handschriftliche Ueberlieferung lautet: μηνεῖται ἄκη δράκονθ᾽ ὅμιλον. Mit μηνύειν ἄγη (= μιάσματα nach Hesych.) vergl. Soph. Oed. R. 1384: τοίανδ᾽ ἐγὼ κηλῖδα μηνύσας ἐμήν. Mit δακόνθ᾽ ὅμιλον (schon von Helmsoeth ähnlich verändert) vergl. Aesch. Hik. V. 339: νεύονθ᾽ ὅμιλον. Der Scholiast, der wahrscheinlich den richtigen Text noch vor sich hatte, bemerkt: τί ἀνῆκε; δρακόντων πλῆθος. Also die Drachen ,selbst wurden in dem Verse nur angedeutet, nicht genannt. Was bleibt uns in der schwierigen Stelle Agam. 101—103:

τοτὲ δ᾽ ἐκ θυσιῶν ἀγανὴ φαίνουσ᾽

ἐλπὶς ἀμύνει φροντίδ᾽ ἄπληστον

τὴν θυμοφθόρον λύπης φρένα

nach vielen verkehrten Versuchen (die jüngste, gefällige Aenderung λύπης φρένα θυμοβόροιο ist doch wohl der Form wegen hier unstatthaft) anders übrig, als zu vermuthen:

ἐλπὶς ἀμύνει φροντίδ᾽ ἄπληστον

τῆς θυομένης φρένα λύπης?

Ich will die obigen Vorschläge noch um wenig Stellen bei dieser Gelegenheit vermehren, die sich auf die Hiketiden beziehen sollen. Ich vermuthe nemlich:

V. 37—39: πρίν ποτε λέκτρων ὧν θέμις εἴργει

σφετεριξάμενοι πατραδελφείαν

τήνδ᾽ ἀκόντως ἐπιβῆναι.

V. 51—53: μαιομένοισι δ᾽ ἅ —

ελπτα περ ὄντα φανεῖται·

γνώσεται δέ λόγους τις ἐν μάχει.

V. 434: ἦ κάρτα νείκους τοῦδ᾽ ἐγὼ κατεύχομαι.

V. 496: ἀεὶ γυναικῶν ἐστὶ δεῖμ᾽ ἐξαίσιον.

V. 602—603: τοιαῦτ᾽ ἀκούων χερσὶν Ἀργεῖος λεὼς

ἔκριν᾽ ἄνευ κλητῆρος ὡς εἶναι τάδε.

[Mit χερσὶν ἔκρινε (die Lesart ἔκρανε kann wohl schon wegen des sogleich folgenden Ζεὺς δ᾽ ἐπικράναι τέλος nicht richtig sein) vergl. Stob. V, 121 bei Westerm. paradoxog. p. 166: ἄνδρες δὲ χειροτονητοί (vielmehr χειροτονητὶ) κρίναντες. Wahrscheinlich ist auch Agam. 348 danach zu ändern: ἔπραξεν ὡς ἔκρινεν.]

7*

V. 823—24: χρεῖος ἐγὼ βαθυχάιος
βαθρείας, βαθρείας, γέρον.

Seite 66. Mit

> quae semel
> nostris condita fatis
> inclusit volucris dies

vergleiche noch I, 24, 16:

> quam virga semel horrida
> non lenis precibus fata recludere
> nigro compulerit Mercurius gregi.

Seite 72. Ich hoffe in der angeführten Epode IX, 17 mit der Schreibung **an hoc** das Richtige getroffen zu haben: schicklicher wenigstens als durch eine Frage konnte der in diesen Worten enthaltene Gedanke nicht ausgedrückt werden. Schon Ritter bemerkt dazu: *transfugium, rem per se parum decoram, verbis quam maxime speciosis expressit.* Aber erst in der Frageform liegt gleichsam eine Entschuldigung der That selbst. Kleine Aenderungen dieser Art giebt es im Horaz überall zu machen, z. B. III, 12, 9:

> eques ipso melior Bellerophonte, neque pugno
> neque **segni** pede **victus.**

Sollte Horaz nicht neque **segnis** pede **victor** (conf. I, 14, 26: *non auriga piger*) geschrieben haben? Oder IV, 15, 9:

> et vacuum duellis
> Ianum Quirini clausit,

wo ich vermuthe Quirinum inclusit. Conf. II, 17, 21: *utrumque nostrum incredibili modo.* Natürlich ist Quirini aus der falsch gelesenen Abkürzung entstanden, worin zugleich das folgende in steckte für clusit trat das damit identische, aber, wie es scheint, in den Handschriften (auch III, 5, 22 findet sich portasque non clusas neben clausas in den besten Codices) spätere clausit nachträglich ein.

Ein ähnlicher Fehler vielleicht steht IV, 10, 5, wo die Handschriften die doppelte Lesart *mutatus Ligurinum in faciem verterit hispidam* und *mutatus, Ligurine, in faciem verterit hispidam* bieten. Horaz schrieb möglicher Weise:

> nunc et qui color est puniceae flore prior rosae,
> mutatus Ligurinum facie verterit hispida.

Auch möchte ich IV, 1, 18:

> et quandoque potentior
> largum muneribus riserit aemulum

statt largi aemuli schreiben. Der Genitiv macht (vergl. IV, 10, 1: *et Veneris muneribus potens*) die Construktion undeutlich und ausserdem muss riserit ein Objekt haben, wie III, 16, 5: *si non Acrisium virginis abditae custodem pavidum Iuppiter et Venus risissent.* An IV, 14, 20: *indomitas prope qualis undas* hat schon Bentley Anstoss genommen. Sollte der Dichter vielmehr **vi** domitas prope qualis undas geschrieben haben? In der pag. 10 citirten Stelle aus der zweiten Epode habe ich die Correktur von Haupt **quid si** statt **quod si** aufgenommen: aber der Gedanke scheint noch immer nicht ganz in Ordnung zu sein. Schon die alten Erklärer vermissten bei saérum vetustis extruat lignis focum die Verbindung und versuchten sacrum **et** vetustis; — könnte Horaz nicht etwa sacrum**ve iustis** (conf. I, 9, 6: *ligna super foco large reponens*) gesagt haben? Derselbe Schreibfehler steht Tacit. histor. I, 3: *magis vetustis indiciis,* wo man freilich mit mehr Sicherheit magisve iustis lesen konnte.

Seite 81. oben. Bei der über laborum propulit inscium gemachten Bemerkung fällt mir eine ähnliche Stelle ein, die gleichfalls noch nicht richtig erklärt zu sein scheint, nemlich IV, 2, 27:

> *ego apis Matinae*
> *more modoque*
>
> *grata carpentis thyma per laborem*
> *plurimum circa nemus uvidique*
> *Tiburis ripas operosa parvus*
> *carmina fingo.*

Wozu gehört plurimum? Die alten Erklärer verbinden es mit per laborem; dagegen bemerkt Bentley: *mihi videtur convenientius, ut ad nemus pertineat.* Darin sind ihm Haupt und Meineke gefolgt, aber mit Unrecht, wie ich glaube. Bentley selbst scheint das Unschickliche dieser Verbindung gefühlt zu haben, indem er hinzufügt: *potuisset tamen magis apposite, ut comparatio cum ape Matina per omnia responderet: floreum circa nemus: quod et a vulgata lectione non nimis abhorret.* Natürlich kann aber auch die alte Verbindung per laborem plurimum mit der üblichen Interpunktion nach plurimum nicht richtig sein. Ich interpungire:

> *ego, apis Matinae*
> *more modoque*

grata carpentis thyma, per laborem
plurimum circa nemus uvidique
Tiburis ripas, operosa parvus
carmina fingo,

womit man vergl. Vell. II, 23: *et plurimo circa multiplicis Piraei portus munitiones labore expleto.*

Seite 81. Ich glaube einiges Gewicht auf diese Bemerkung legen zu dürfen, weil erst dadurch die volle Einsicht in die Richtigkeit der Construktion gewonnen wird. Kein Gedicht im ganzen Horaz ist, und zwar von den besten Kritikern, unglücklicher behandelt worden, als die erste Ode. Peerlkamp bemerkt: *totum hoc initium multis difficultatibus impeditum est, quas nemo interpretum adhuc explicare potuit.* Ich leugne nicht, dass Bentley durch seine Note, worüber Sanadon richtig urtheilte, die Interpretation hauptsächlich verwirrt hat; aber den grössten Irrthum, der sonderbarer Weise noch heute Anhänger findet, beging schon vor ihm der sonst so elegante Rutgersius, welcher mit *palmaque nobilis* den Gedanken zu Ende sein und mit *terrarum dominos* einen neuen Satz beginnen lassen wollte. Auf ähnliche Weise zerriss Valckenaer das schöne Satzgefüge im Anfange des Agamemnon, indem er nach ἐμπρέποντας αἰθέρι einen Punkt setzen und den siebenten Vers streichen wollte! Die Verkehrtheit solcher Annahmen lässt sich freilich nicht demonstriren: ein geübter Leser muss sie fühlen. In der That hat sich auch bei Horaz im Allgemeinen die Auslegung nicht irre machen lassen; nur in Bezug auf die richtige Fassung von *terrarum dominos* schwankt sie noch. Die Worte können nur als Apposition (vergl. Ovid. Pont. I, 9, 36) mit *deos* verbunden werden. Das an den Hauptgedanken *sunt quos — collegisse iuvat* wiederanknüpfende *hunc* im sechsten Verse macht es unmöglich, den parenthetisch gesetzten Worten *metaque fervidis — ad deos* in *terrarum dominos* ein besonderes Objekt zu geben. Wie sehr übrigens Horaz solche parenthetische Weiterführungen des Gedankens liebt, kann auch das fünfunddreissigste Gedicht des ersten Buches zeigen, wo in der fünften Strophe *nec severus — liquidumque plumbum* und im folgenden sogar *nec comitem — pariter dolosi* ebenso gesetzt sind. Mit den IV, 4, zwischen *quale ministrum — propulit inscium* und *qualemve laetis — peritura vidit* parenthetisch eingeschobenen Worten *primique — pugnae* vergleiche noch die IV, 2, zwischen *concines — Sygambros* und *concines — orbum* gestellte Strophe *quo nihil — priscum.*

Wer der Ansicht sein sollte, dass diese Bemerkungen gering-
fügig und unbedeutend sind, mag Recht haben; nur soll er sie darum nicht auch für überflüssig ansehen. Eben das Nichtbeachten
dieser Dinge, woraus einzig und allein die nothwendige Einsicht in
die Technik des Dichters gewonnen wird, hat die Interpretation
dahin geführt, wo sie steht. Horaz muss bis ins kleinste studiert
werden, will man ihn ganz verstehen. Kein Uebersetzer hat z. B. den
Anfang der vierten Ode richtig wiederzugeben vermocht und ihren
Versionen gegenüber, die sich doch meist an die hergebrachte Auslegung anschliessen, bleiben die von Peerlkamp gegen diesen Anfang
gemachten Einwürfe durchaus richtig. Der holländische Kritiker
nemlich behauptet, dass der gewöhnlich parenthetisch gefasste
Satz *cui rex — Ganymede flavo* frostig und abgeschmackt,
das Gleichniss selbst zu lang und die Construktion schleppend sei.

Seite 83. Lachmann bemerkt über *revictae: „revictae =
repulsae vincendo. Dasselbe re wie in repellere müsste es sein; revin-
cere immer durch etwas Abstraktes (Rede); physischer Grund, wie oft
bei Lucrez. So wie hier wohl schwerlich. Daher repressae wohl gut,
besonders da es im Graevianus steht. Auch Porphyrion hat es geradezu.
Und dann victrices revictae! Wäre es noch bloss rictae!"* Dass sich
die Lesart *repressae* als Lemma bei dem Scholiasten findet, ist richtig,
aber „*in cod. margine ead. m. adscr. revictae.*"

Seite 90. unten. Sollte es nicht mehr als blosser Zufall sein,
dass *firmus* an keiner anderen Stelle in den Oden wieder vorkommt? Dagegen in den Epoden, Satiren und Episteln kommt das
Wort wiederholt vor.

Sinnstörende Druckfehler sind mir nicht aufgefallen. Nur muss
ich in Bezug auf eine gewisse Ungleichmässigkeit der Orthographie,
die durch verschiedene Abschreiber in das Manuscript hineingetragen
wurde, um die Nachsicht des Lesers bitten. Die Namen Cuningam und Harduin habe ich selbst in latinisirter Form gegeben.
Für die gewöhnliche (z. B. von Meineke und Orelli festgehalten)
Schreibung Cuningham wird wohl mit Fried. Aug. Wolf (Anal.
I, p. 32) richtiger Cunningham zu setzen sein. Ausserdem bemerke ich noch, dass der Seite 28 nicht ganz passend gebrauchte
Ausdruck rhythmische Verknüpfung der beiden Strophen
umgeändert werden mag in strophische Verknüpfung. Auf
Seite 79 ist Zeile 20 nach Cicero das Citat rep. I, 47 ausgefallen.

Emendationen

z u

Tacitus und Velleius Paterculus.

I.

Tacit. hist. I, 10 am Ende: *nec Vespasiano adversus Galbam votum aut animus: quippe Titum filium ad venerationem cultumque eius miserat, ut suo loco memorabimus.* **occulte fatis** *et ostentis ac responsis destinatum Vespasiano liberisque eius imperium post fortunam credidimus.*

Der Mediceus bietet occulta fati; ein unrichtiger Versuch diese fehlerhafte Lesart 'zu verbessern findet sich schon im Guelf. und im Puteol. B, nemlich *occulta lege fati.* Mit meiner Herstellung vergleiche Agric. 13: *Claudius — adsumpto in partem rerum Vespasiano, quod initium venturae mox fortunae fuit: domitae gentes, capti reges et monstratus fatis Vespasianus,* ebenso hist. II, 78; und ausserdem mit der Verbindung von *fatis et ostentis ac responsis* Liv. XXIX, 10: *itaque quo maturius fatis, ominibus oraculisque portendentis sese victoriae compotes fierent.* Mit der etwas eigenthümlichen Wendung *post fortunam credidimus* lässt sich vielleicht zusammenstellen Herodian II, 9: ἀνέπειθε δὲ αὐτὸν ὀνείρατα τοιαύτην τινὰ ἐλπίδα ὑποσημαίνοντα, χρησμοί τε καὶ ὅσα ἐς πρόγνωσιν τῶν μελλόντων σύμβολα φαίνεται· ἅπερ πάντα ἀψευδῆ τότε πιστεύεται, ὅταν ἐς τὴν ἀπόβασιν εὐτυχηθῇ.

Ibid. I, 13: *gratus Neroni aemulatione luxus, eoque* **quoniam** *Poppaeam Sabinam, principale scortum, ut apud conscium libidinum deposuerat, donec Octaviam uxorem amoliretur.*

Der Mediceus bietet coque iam, wozu Acidalius bemerkte: *particula iam quid hic faciat, nescio. Nisi deinceps videro, delebo,* worauf die Herausgeber wohl mit Unrecht eingegangen sind.

Ibid. I, 15: *etiam ego ac tu si simplicissime inter nos hodie lo-*
quimur, caeteri libentius cum fortuna nostra quam nobiscum.

Im Mediceus ist si vor simplicissime ausgefallen. Dafür schrieb
Halm nur dem Gedanken nach richtig: *etiamsi ego ac tu.* Eine ähnliche
Trennung (Tmesis) I, 20: *at illis vix decumae super portiones erant.*
Das Zusammentreffen gleicher Silben hat im Mediceus gewöhnlich
einen Ausfall verursacht. Darum wird man auch Tacit. ann. IV, 50
für **neque** *ignobiles, quamvis diversi sententiis,* wie ich schon hinter
meiner Doctor - Dissertation vermuthete, vielmehr **neque** (oder **nec**)
aeque *ignobiles,* **quam** (oder **quam omnes**) *diversi sententiis* nicht
mit Unrecht schreiben dürfen. Mit der Wendung selbst vergleiche
ann. III, 38: *ducibus diversis et paribus inter se per ignobi-*
litatem.

Ibid. I, 19: *Pisonis comis oratio, et patrum favor aderat: multi*
voluntate effusius, **quique** *noluerant,* **modice,** *ac plurimi obvio obse-*
quio, privatas spes agitantes sine publica cura.

Ich verbinde multi voluntate (= ob voluntatem oder quod vo-
luerant) effusius (conf. ann. IV, 52: *ob propinquitatem loci effusius*)
und ändere die Ueberlieferung **qui** noluerant **medie** um in **quique**
(Cicero verbindet que niemals mit qui, aber wohl kommt die Verbindung bei Livius, Velleius und Tacitus vor) noluerant **modice**
(conf. ann. IV, 40: *suisque in eum beneficiis* **modice** *percursis*).
Daran schliesst sich: *ac plurimi obvio obsequio privatas spes agitantes*
sine publica cura. Die letzten Worte geben (ebenso wie voluntate
für effusius und quique noluerant für modice) den Grund für obvio
obsequio an. Das überlieferte **medie,** was der spätesten Latinität
angehört, scheint nichts als eine Verschreibung: aber die adverbiale
Form ist neben effusius und obvio obsequio nothwendig.

Ibid. I, 71: *nec Otho quasi ignosceret, sed ne* **honestis** *metuere-*
tur, *reconciliationes adhibens statim inter intimos amicos habuit.*

Die handschriftliche Ueberlieferung **sed ne hostes metueret**
conciliationis adhibens ist zuletzt von Herneus in **sed deos**
testes mutuae reconciliationis adhibens verändert worden.
Sonderbarer Weise hat dieser gewaltsame Vorschlag (Halm nennt ihn
palmarem emendationem) den Beifall kundiger Herausgeber gefunden.
Haase dagegen versuchte: sed nec **quasi** hostes metueret conciliationes
adhibens. Aber so leicht war denn doch die Verschreibung nicht
zu corrigiren. In **hostes** steckte **honestis,** ähnlich wie II, 31
inhostus für **inhonestus** überliefert ist. Tacitus sagt: „allein

Otho söhnte sich, nicht als ob er ihm Verzeihung angedeihen liesse, sondern damit man ehrenhafter Handlungen wegen keine Besorgniss zu hegen brauche, mit ihm aus und nahm ihn sofort unter seine besten Freunde auf."

Vell. Paterc. II, 1: *sed Pompeium gratia impunitum habuit; Mancinum verecundia* non item: *quippe non recusando perduxit huc, ut per fecialis nudus ac post tergum religatis manibus dederetur hostibus.*

Die lückenhafte Ueberlieferung der ed. princ. mag am besten durch non item ausgefüllt werden. Wird in einem verneinenden Satze das Verbum ausgelassen, so steht non item (sehr selten bloss non) am Ende: Cic. orat. c. 43: *nam omnium magnarum artium sicut arborum altitudo nos delectat,* radices *stirpesque* non item.

Ibid. II, 2: *abhinc annos centum sexaginta duos descivit a bonis: pollicitusque toti Italiae civitatem, simul etiam promulgatis agrariis legibus, omnibus* malis talem *statum concupiscentibus, summa imis miscuit et in praeruptum atque anceps periculum adduxit rempublicam.*

So ergänze ich die lückenhafte Ueberlieferung der ed. princ. o m n i - b u s s t a t u m c o n c u p i s c e n t i b u s. Der Gegensatz von b o n i und m a l i (ebenso II, 124: *ut nec* b o n i s *neque contra* m a l o s *opus armis foret*) giebt der Herstellung einige Wahrscheinlichkeit.

Ibid. II, 5: *facientibusque omnibus in procinctu testamenta,* velut *ad certam mortem eundum foret, non deterritus* proposita *perseverantia* dux, *quem moriturum miserat militem victorem recepit.* Und am Ende: *hic virtute ac severitate facti,* at *Fabius Aemilianus Paulini exempli disciplina in Hispania fuit clarissimus.*

Die ed. princ. giebt: *non deterritus proposito perseverantia* ducis. Diese Verschreibung scheint entstanden zu sein, weil der Abschreiber zu dem hier absolut gebrauchten deterritus einen Ablativ suchte; aber Velleius würde wohl dann non deterritus a proposito geschrieben haben. Mit der Aenderung Paulini exempli disciplina für Pauli exemplo disciplina vergleiche II, 66: *Sullani exempli malum,* und II, 6: *eiusdem exempli tribunatum.*

Ibid. II, 6: *hunc L. Opimius consul, qui praetor Fregellas exciderat, persecutus armis unaque Fulvium Flaccum, consularem ac triumphalem virum, aeque prava cupientem, quem C. Grachus in locum Tiberi fratris triumvirum nomine, re autem socium regalis adsumpserat potentiae,* merita *morte adfecit.*

Ich vermuthe, dass vor morte ein Wort ausgefallen ist und ergänze m e r i t a. Der Schriftsteller fährt nemlich fort: *Id unum nefarie ab Opimio proditum.*

Ibid. II, 9: *clara etiam per idem aevi spatium fuere ingenia in togatis Afrani, in tragoediis Pacuvi atque Acci, usque in Graecorum ingeniorum comparationem ~~evehentia~~ se magnumque inter hos ipsos facientis operi suo locum, adeo quidem, ut in illis limae, in hoc paene plus videatur fuisse sanguinis.*

Die ed. princ. bietet *comparationem aetatis eius*, die Amerb. Abschrift *comparationem aetatis* mit übergeschriebenem *eius*. Burer aber glaubte e v e c t i s zu lesen, woraus man die Vulgata e v e c t i gemacht hat. Ich vermuthe e v e h e n t i s s e. Dasselbe Wort wurde bei Liv. XXIX, 33 in e v e n t i s verderbt, wie wahrscheinlich auch hier in der alten Handschrift stand. Uebrig bleibt noch das Bedenken, ob nicht für in h o c vielmehr in h i s geschrieben werden muss.

Ibid. II, 36: *et proximum Ciceroni Caesarem, eorumque velut alumnos Corvinum ac Pollionem Asinium, aemulumque Thucydidis Sallustium auctoresque carminum Varronem ac Lucretium, neque ullo in suscepti operis sui more minorem Catullum.*

Die ed. princ. bietet *neque ullo in suscepti operis sui carmine minorem Catullum,* wofür Halm die von Lipsius gemachte Aenderung s u s c e p t i für s u s p e c t i annehmend *neque ullo in suscepti operis sui genere minorem Catullum* vorschlug. Ich nehme an, dass m o r e vor dem compendiös geschriebenen minorem ausgefallen ist, und vergleiche Horat. Sat. II, 1, 63: *primus in hunc operis componere carmina morem,* wofür Markland (in epist. critic. p. 11) mit Unrecht *in hanc operis componere carmina formam* lesen wollte.

Verzeichniss

der in diesem Hefte behandelten Stellen aus Horaz und anderen Schriftstellern.